〈刑務所〉で盲導犬を育てる

大塚敦子 著

ア新書 797

はじめに

その男性は、迷いのないたしかな足どりで、どんどん坂道を登っていった。かたわらにぴったりと寄りそうのは、つややかな黒のラブラドール・レトリバー。犬はゆらゆらと大きくしっぽを振りながら、いかにもごきげんそうに歩いている。かたときも離れずに自分のいちばん大切な人のそばにいられるのは、盲導犬だからこそだ。

交差点に来ると犬はぴたりと止まり、男性もそれに合わせて止まった。盲導犬の仕事は、安全のために道の端《はし》っこを歩き、角や段差に来たら止まること。また、障害物があったら止まるか、よけられるならよけること。人間のほうは道順を頭に入れたうえで、犬が伝えてくれる「交差点に来た」という情報をもとに、どうするかを判断する。たとえば「まっすぐ行く」なら、「ストレート、ゴー」と自分自身が下した判断を犬に伝え、お互いに情報をやりとりしながら歩く。

盲導犬と歩く男性

ともに歩く人と犬をつないでいるのは、盲導犬が仕事中胴体《どうたい》に付けているハーネスだ。しっかりと握《にぎ》ったハーネスを通じて、人と犬は一体になり、いっしょに紡《つむ》ぎだす軽やかなリズムに乗って歩んでいく。

男性は健脚《けんきゃく》だった。長い上り坂もかなりのスピードで登っていくので、こちらは遅れないようについていくのがせいいっぱいだ。

「盲導犬と歩くようになって、目が見えなくなる前より速く歩けるようになったんです」

男性はそう言って微笑《ほほえ》んだ。犬が来てからというもの、どんどん外に出て歩くようになり、知らず知らずのうちに足腰が鍛《きた》えられたのだという。

二〇年ほど前に目が見えなくなって以来、男性はずっと白杖《はくじょう》を使っていた。ただ散歩することはまずなく、目的地まではタクシーで移動するという生活だった。だが、いまは犬がいるから毎日外に出る。そのうち子どもが大きくなったら、いっしょに公園に行くのが夢だ。

「盲導犬がいてくれないと、いまのような生活はできなくなる。またずっと家にいるだけの生活に戻ってしまう。この犬は自分にとって、すごく必要な存在なんです」

彼はしみじみとそう語った。

この男性のパートナーとして欠かせない存在となった盲導犬は、島根あさひ社会復帰促進センターと公益財団法人日本盲導犬協会が協働《きょうどう》しておこなっている「盲導犬パピー育成プログラム」から巣立った最初の盲導犬である。このプログラムでは、受刑者が盲導犬候補の子犬(パピー)を育てる役割を担《にな》う。この犬も、一歳になるまで刑務所の中で受刑者によって育てられた。

ほんとうに塀《へい》の中で将来盲導犬になるような犬が育つのか——。この日本初の試みには、おそらく半信半疑《はんしんはんぎ》の人たちもいただろう。それが二〇一三年、ついに第一号の盲導犬が誕生したこと、第二号もそのすぐあとに続いたことで、育成にかかわった人たちはおおいに勇気づけられた。この文章を書いている二〇一五年一月の時点で、すでに六頭の盲導犬が誕生している。

私が初めてこのプログラムの構想を耳にしたのは二〇〇五年のことだ。友人の紹介で、のちに島根あさひ社会復帰促進センターの初代総括《そうかつ》業務責任者となる株式会社大林組の歌《うた》代正《しろ》さんと出会ったことがきっかけだった。彼は拙著『犬が生きる力をくれた——介助犬と人びとの物語』(岩波書店、一九九九年。現在は『犬、そして猫が生きる力をくれた』岩波現代文庫)を読んでくれていて、「日本の刑務所でもぜひ、受刑者が障害のある人のために犬を育てるプログラムを実現したいんです」と、熱っぽく語った。

この本は一九八二年にアメリカ・ワシントン州の最重警備女子刑務所で始まり、いまは全米に広がっている「プリズン・ドッグ」のさきがけとなった介助犬訓練プログラムのルポである。アニマルシェルターから引き取られた犬たちが、受刑者によって手厚い訓練を受けて介助犬やセラピー犬になり、障害のある人びとの生活に希望をもたらしていく様子を描いている。三年超にわたる取材の過程で何より心に響いたのは、犬を訓練するうちに、人間への不信や怒りに満ちていた受刑者たちが、ふたたび人を信じる心を取り戻していくことだった。人を傷つけただけでなく、みずからも深く傷ついている彼女たちが、命あるものをケアし、誰かの役に立つ経験をすることで自分自身を肯定《こうてい》し、他人をも尊重できるようになっていく——そのことに目を開かれる思いだった。

いつか日本の刑務所にも、こんなプログラムが誕生してほしい。そんな願いも込めて書いたのだが、正直なところ、実現するのは何十年も先のことだろうと思っていた。それが数年後に歌代さんが現れ、プログラムの立ち上げを手伝ってほしいと声をかけてくれたのだから、二つ返事で引き受けた。それ以来今日に至るまで、微力《びりょく》ながらプログラムのアドバイザーとしてかかわらせてもらっている。

アメリカには、罪を犯して刑務所に収容されたり、非行をして少年院に送られた少年たちが、犬の訓練や畑仕事などをとおしてよりよい生き方を身につけていくプログラムが数多くある。虐待を受けた子どもたちが、動物や植物の世話をとおして心の回復をはかるプログラムなども盛んにおこなわれている。前に述べた『犬が生きる力をくれた』以降、私はこれらのプログラムを多数取材し、執筆の対象にしてきた。

なぜ、動物や自然を介して人の生き直しを助ける試みに心惹《こころひ》かれるのか。それは、長年エイズやガンなどで死に向きあう人びとを取材するうちに、「命あるものを慈《いつく》しみ、育《はぐく》むことは、人間がよりよく生きるために欠かせないもの」だと実感してきたからだ。家族にも見放されたエイズ患者のそばに最後まで寄りそい、生きる力を与えていた犬や猫たち。ホスピスの部屋いっぱいに植木鉢を置き、植物の生長を何よりの楽しみにしていた人。多くの人が、朝になれば必ず陽が昇り、冬のあとには必ず春がやってくる自然界の約束を心の支えとしていた。

人と人との関係は流動的で不確かなものだ。明日も同じ生活が続くのかわからない私たちの生そのものが不確実であると言えるだろう。だが、動物や自然は揺《ゆ》るぎない存在である。動物はけっして人を裏切ることはないし、自然界の約束が破られることもない。

ふだんはどんなに自然から切り離された生活をしていたとしても、私たち人間もやはり自然界の一部であることに変わりはない。私たちの中には自然と調和するリズムがあり、深く根を下ろした絆がある。だからこそ、病や死、罪などの人生の危機に直面したとき、自然界の揺るぎなさが人びとの救いとなり、本来歩くべき道に引き戻してくれる道しるべにもなるのだと思う。

島根あさひ社会復帰促進センターで盲導犬パピー育成プログラムが始まったことによって、日本でも罪を犯した人が動物の世話をとおして社会に貢献するチャンスが与えられることになった。だが、当然のことながら、このようなプログラムに参加したからといって、みんながみんなドラマチックに変わるわけではない。犬とのかかわり方も人によって濃淡《のうたん》がある。最後までがんばる人もいれば、途中で抜けてしまう人もいる。盲導犬パピー育成プログラムは、けっしてすべての人を更生《こうせい》させることのできる魔法の処方箋《しょほうせん》ではない。

だが、二〇〇九年にプログラムが始まって以来の六年間の歩みを見てきて、私はこのプログラムが多くの人の心を耕し、何人かの人にとっては、まさに人生を根本から生き直す原動力になったことを実感してきた。プログラムを卒業した何人もの元受刑者が、出所後、社会の一員としてまじめに働き、家族や周りの人を大切にしながら暮らしている姿をこの目で見てきた。プログラム開始から六年経った今だからこそ、自信を持ってそう言える。その点で、この本を書くまでにそれだけの歳月をかけたことには意味があったのではないかと思う。

最後に、登場する受刑者および後で説明するウィークエンド・パピーウォーカーの名前はすべて仮名であること、受刑者個人の特定につながりかねない出身地、身体的特徴などの情報はすべて省いてあることをお断りしておきたい。

目次

目　次

写真・大塚敦子

第1章

日本初のプログラムができるまで

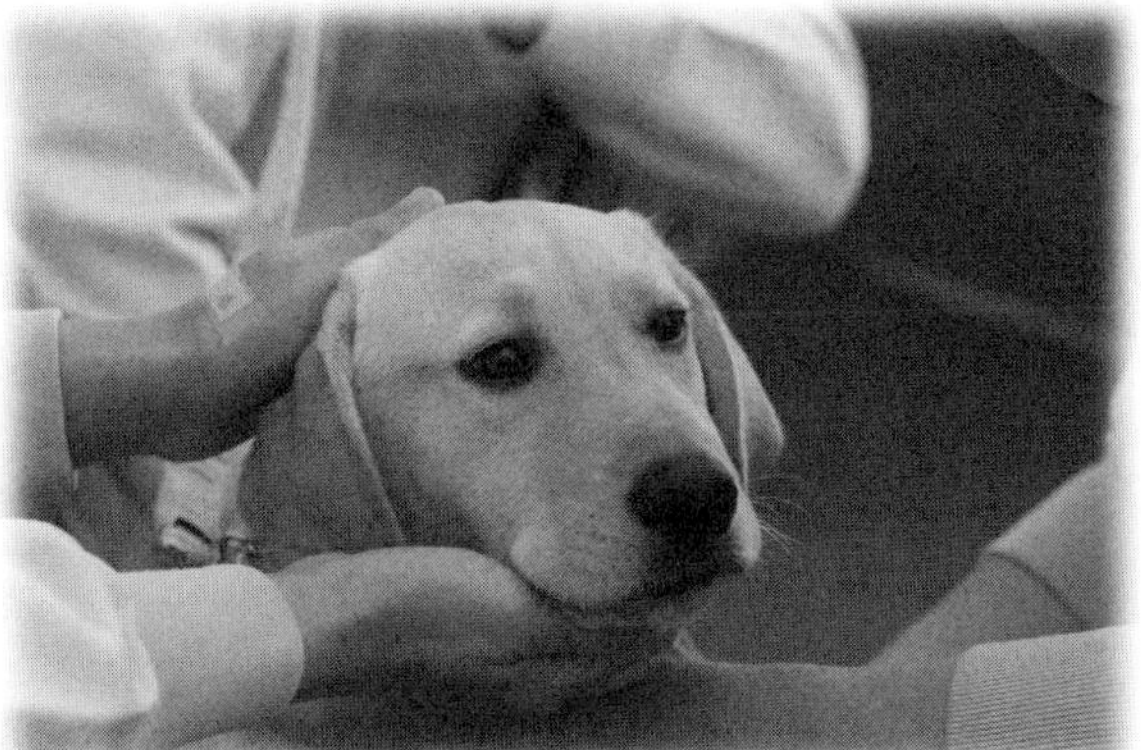

パピーユニット

「ティファニー、シット！」

「テミス、グーッド！」

月曜日の午後は、広々したホールいっぱいに訓練生たち（受刑者のこと）のかけ声が響く。

ここは島根あさひ社会復帰促進センター（以下、島根あさひセンターと呼ぶ）の中にある6Cというユニットの多目的ホール。盲導犬パピー育成プログラムをおこなうユニットなので、別名「パピーユニット」とも呼ばれている。月曜日はさまざまな教育プログラムを受講する日で、6Cでは日本盲導犬協会の訓練士による九〇分の「パピーレクチャー」がおこなわれている最中だ。

パピーレクチャーでは、排泄《はいせつ》のさせ方や健康管理の方法、「シット」（おすわり）、「ステイ」（待て）のような基本的なしつけを学ぶ。また直接子犬の育成にかかわることだけでなく、盲導犬育成事業や視覚障害についての講義などもあり、訓練生が盲導犬候補の子犬を育てることの意味をより深く理解できるよう組み立てられている。

パピーレクチャーの時間に6Cを訪れる人は、多目的ホール内を動きまわる人と犬の生きいきとした様子を見て、ここが刑務所かと驚くにちがいない。訓練生のユニフォームの色にも意表《いひょう》をつかれるだろう。刑務所によくある暗い灰色ではなく、パステルイエローとグレーのツートンカラーという明るい色合いだからだ。

このセンターでは、生活と作業・職業訓練をともにする訓練生たちを一ユニット(六〇人定員の寮)としてまとめて収容する方式をとっている。日中は刑務作業や職業訓練のため、それぞれの訓練室や作業場所に移動し、夜間は全員が自分の居室内に収監されるが、それ以外の時間は各ユニットの中心に配置された多目的ホールで、教育プログラムを受講したり、食事をしたり、余暇《よか》時間を過ごしたりする。

じつはこの多目的ホールのように人が集まり、交流する場はトラブルのもとであるとして、従来の刑務所では避けられてきた。だが、島根あさひセンターでは、円滑《えんかつ》な社会復帰のためにはむしろ人と交わり、関係性を築く場が必要である、との考えから多目的ホールが設けられているのである。

ユニットは二階建てで、多目的ホールの両側には訓練生が寝起きする居室《きょしつ》がずらっと並ぶ。ホールの床はコンクリートではなく木製。温かみのある木の床は、ここは人間が生活する空間なのだということを思い出させてくれる。

この日のパピーレクチャーでは、訓練生たちが基本のしつけを練習していた。今日のテーマは「ダウン」(伏せ)だ。

「ウィーン班から行きましょうか。○○さん、代表でやってみてください」

現在パピープログラムを担当している日本盲導犬協会の川本勝《まさる》訓練士がよく通る声で言うと、年配の訓練生が犬を連れて進み出た。「ダウン」を教える方法は、手に持ったおもちゃに犬の注意を引きつけ、それを徐々に下げていって、犬が自然に「ダウン」の姿勢をとったら、そこで思いきり「グッド!」とほめること。盲導犬候補のパピーは、「ほめて育てる」のが基本である。パピーが指示されたとおりにしないのは、「できないから」ではなく、「何をすればいいのかわからないから」。できなかったときに叱《しか》るのではなく、できたときにほめることによって、何をすべきかを犬自身が理解できるようにする。

が、これが口で言うほど簡単ではない。

パピーレクチャーの様子

「ウィーン、ダウン！」

訓練生がコマンド(指示)を出しても、子犬は上《うわ》の空。ほかの犬に気を取られ、人のほうに意識が向いていないのだ。

そこで訓練生は、ウィーンの注意を引くためにおもちゃを見せながら、足がもつれそうになるほどけんめいに走った。それにつられ、追いかけて走るウィーン。ようやく犬がおもちゃに夢中になってきたところで立ち止まり、「シット」(おすわり)、つづいて「ダウン」をやってみたのだが、犬におもちゃを近づけすぎて、見事に取られてしまった。

「う〜ん、いつのまにか犬に遊ばれてますねぇ」

川本訓練士が笑いながら言うと、周りを囲む訓練生たちからも、どっと笑いが起こった。ハーハー息を切らしている年配の訓練生も照れくさそうに笑うが、当のウィーンは人間の苦労などおかまいなし。手に入れたおもちゃを両前足の間に抱え、満足そうに噛《か》んでいる。

そんなレクチャーの様子を、手塚文哉《ふみや》センター長(当時)が満面の笑みを浮かべながら見守っていた。手塚センター長は巡回の際、月曜日のパピーレクチャーにはほぼ欠かさず立ち寄った。法務省の矯正調査官《きょうせいちょうさかん》だった二〇〇五年以来、企画・立案・運営のすべてに携わってきた手塚センター長にとって、このセンターは特別な存在だ。大の犬好きでもあり、盲導犬パピー育成プログラムにも企画当初から目配りしてきただけに、このプログラムへの思い入れは人一倍深かった。

手塚センター長は、パピーを育成する班ごとに分かれて打ち合わせをしている訓練生たちに歩み寄り、さりげなく声をかけた。

「パピーもだんだん大きくなって、力も強くなってくるから大変だな」

「そうなんです。でもこの子は、とてもやさしい目をしているでしょう?」

訓練生の一人が、センター長の顔をまっすぐ見て答える。

「たしかにそうだね」

「班員の個性が出てきたんですかねー」

その訓練生が冗談まじりにそう言うと、みんな思わず吹き出した。

手塚センター長も笑い、こう言って返した。

「人間と同じで、育て方が出てくるんだよ。あなたたちがやさしく接すれば、やさしい犬になるんだよ」

日本でこんなふうに刑務所の所長と受刑者が自然に言葉を交わす光景には、そうめったにはお目にかかれないだろう。周囲と摩擦《まさつ》を起こさないよう、規則に違反しないよう、常に緊張を強いられる刑務所という環境にあって、犬たちの存在はあきらかにユニットの雰囲気を和《なご》ませる役割をはたしている。犬がいなければ始まらない会話が始まり、ふれあえない人ともふれあえる。人間関係の触媒《しょくばい》としての犬の存在は大きい。

ホールの両端に椅子《いす》を並べて座る訓練生たちの足もとには、犬たちが思い思いに寝そべっている。ゆうゆうと後ろ足を投げ出して寝ている犬もいれば、甘えるように人の足にもたれかかっている犬もいる。訓練生たちはそんな犬たちの頭にいとおしそうに手を置いたり、背中を撫《な》でたりしていた。

刑務所の中に犬がいる――。何度見ても、この光景には感慨《かんがい》をおぼえずにいられない。鉄とコンクリートでできた無機質な空間のなかに息づく無垢《むく》な生命。思わず抱きしめたくなる柔《やわ》らかな毛のぬくもり。見つめればじっと見つめ返してくれる、濡《ぬ》れた大きな瞳《ひとみ》。

「この目で見られたら、悪いことはできません」

多くの訓練生から聞く言葉だ。

島根あさひ社会復帰促進センターはどんなところか

　島根あさひ社会復帰促進センターは、広島との県境に近い浜田市旭町《あさひちょう》にある。訪問するには広島駅前から出ている浜田行き高速バスに乗るか、広島空港からリムジンバスで中《なか》筋《すじ》駅まで行き、そこで浜田行き高速バスに乗り換える。いずれもバスで一時間以上かかる長い道のりだ。

　渋滞《じゅうたい》の多い広島市内を抜けると、中国自動車道の広島北インターを過ぎたあたりから、どんどん緑が濃くなっていく。やがて、山あいに点在する小さな集落の屋根の瓦《かわら》の色が、チャコールグレーから渋い赤褐色に変わる。島根県石見《いわみ》地方伝統の石州瓦《せきしゅうがわら》である。赤褐色の瓦屋根は、田んぼの緑にとてもよく映《は》える。

　中国道とわかれ、浜田自動車道に入ると、バスはしだいに高度を上げ、やがて深い山の中に入っていく。ときおり山の切れ目から姿を見せるのは、端正《たんせい》に整った棚田《たなだ》だ。このあたりの棚田は有名で、旭町には日本の「棚田百選」に指定されている見事なものもある。

豊かな自然の風景が目を楽しませてくれるおかげで、広島からのバスの旅はまったく苦にならない。

旭インターでバスを降りると、島根あさひセンターまでは徒歩一五分ほど。地域の景観と調和するよう棚田をイメージした石積みを回ると、その先に刑務所の建物が現れる。ガラスの吹き抜けの明るいエントランスホールと、薄いあずき色の外壁を持つ建物は、「刑務所」というイメージからはほど遠い。むしろ、大規模な研修施設か病院のように見える。刑務所につきものの高いコンクリート塀《べい》や有刺鉄線《ゆうしてっせん》もなく、代わりにあるのは二重のネットフェンス。見た目の威圧感《いあつかん》は少ないが、赤外線センサーや監視カメラで守られているため、高い外塀《そとべい》や有刺鉄線よりセキュリティは厳重だ。

島根あさひセンターの建物の内部に足を踏み入れる訪問者は、金属探知機と薬物検知機をくぐった後、ＩＣタグ付きの通行証を首にかけることになっている。もちろん受刑者も全員がＩＣタグを身につけており、センター内の各所に設けられたセンサーがＩＣタグを読みとり、誰がどこにいるかを中央監視室で把握《はあく》するシステムだ。常に位置を把握することができるため、受刑者が面会や診療のために移動する際は、通常の刑務所のように刑務

島根あさひ社会復帰促進センターの外観

官に付き添われることなく、一人で歩く。居室も雑居ではなくほぼすべてが単独室で、窓には鉄格子《てつごうし》もない。

定員二〇〇〇名の島根あさひセンターに収容されているのは、まだ犯罪傾向が進んでいないとみなされる初犯の男性受刑者。彼らはここでは「受刑者」ではなく、更生のためのさまざまな訓練を受ける人びととして「訓練生」と呼ばれる。また、島根あさひセンターの名称は「刑務所」ではなく、「社会復帰促進センター」だ。「社会復帰促進センター」は一般の刑務所とはどこがちがうのか。これについてはあとでくわしく説明することにして、話を先に進めよう。

パピープログラムの仕組み

盲導犬パピー育成プログラムは、盲導犬候補として生まれた子犬たちを訓練生に託して育ててもらうというものだが、そもそも盲導犬の育成とはどのようにおこなわれるのだろうか。

まず、健康で盲導犬向きの資質を持った両親から子犬たちが生まれると、生後二か月になるまでは母犬のそばできょうだいいっしょに過ごす。そして、生後二か月から約一〇か月間、「パピーウォーカー」と呼ばれるボランティア家庭に預けられ、人の愛情をいっぱいに受けて育つ。そして一歳になると、各地の盲導犬訓練センターに送られ、六か月から一年ほどの間プロの訓練士による本格的な訓練を受けるのだ。その後、盲導犬になれそうだと判断された犬は、今度は視覚障害者との共同訓練に進み、うまくいけば二歳前後で盲導犬としてデビューすることになる。

実際に盲導犬になるのは三~四割ほどで、途中で健康上の問題が出てきたり、訓練の過程で盲導犬には向かないと判断された犬は、普及啓発活動でデモンストレーションをするPR犬になったり、一般家庭のペットになるなどの「キャリアチェンジ」をする。

このように、子犬が生まれてから盲導犬になるまでには約二年もの時間がかかるわけだが、そのなかでもパピーウォーカーのもとで育つ一〇か月間は、盲導犬になるための「社会化」をする非常に重要な時期だ。「社会化」とは、人間や人間の暮らす環境に慣らし、人間社会で生きていける犬に育てる、ということ。盲導犬になるためには、愛情を注いでくれる人のもとで、規則正しい生活リズムを身につけ、人混みや駅、電車や車、雨や雪などさまざまな状況を経験し、人間社会で暮らすためのルールを学ぶ必要がある。何より肝心なのは、その過程で人間に対する信頼を築くことだ。人間のために働くのが楽しいと思えるような犬を育てることが、パピーウォーカーのもっとも重要な仕事なのである。

島根あさひセンターの盲導犬パピー育成プログラムは、この大切なパピーウォーカーの役割を訓練生に担ってもらうというものだ。二四時間パピーを見守ることが可能な訓練生のマンパワーを借りてより多くのパピーを育成し、一頭でも多くの盲導犬を送り出すことをめざしている。

だが、刑務所という限られた環境の中だけでじゅうぶんな社会化をするのはむずかしいため、週末は「ウィークエンド・パピーウォーカー」と呼ばれる地域のボランティア家庭に子犬を預かってもらう方式をとっている。つまり、週日(月曜日の午後から金曜日の午前中まで)は島根あさひセンター内で訓練生たちが子犬の世話をするが、週末(金曜日の午後から月曜日の朝まで)はウィークエンド・パピーウォーカーに託《たく》し、子犬たちを人の集まるところに連れ出したり、車に乗せたり、刑務所の中ではできない部分を担ってもらうのである。訓練生とウィークエンド・パピーウォーカーが直接顔を合わせることはないが、「パピーウォーカー手帳」という飼育日誌をとおしてお互いの様子を報告しあい、連携してパピーを育成する。

盲導犬パピー育成プログラムの実施期間は、子犬が生後約二か月から一歳になるまでの約一〇か月間。その年によって若干《じゃっかん》変動するが、三〇～四〇人前後の訓練生が六人一組となり、チームで一頭の子犬を育てる方式になっている(初めての取り組みだった第一期目のみ人数が少なく、四人一組で三頭の子犬を育てた)。

このプログラムは「一般改善指導」と呼ばれる教育プログラムのひとつで、視覚障害者のために盲導犬候補のパピーを育てるという社会貢献活動である。訓練生に、命を尊重することと、思いやりや共感力、責任感や忍耐力などを育んでもらうこと、そして、社会のために何かを還元《かんげん》することをとおして「セルフ・エスティーム」(自己を肯定《こうてい》し、尊重する心)を築いてもらうことなどを教育目標としている。

社会貢献活動としての効果を高めるため、パピーの育成は点字点訳の職業訓練とセットになっている。プログラムに参加する訓練生は、全員が全国視覚障害者情報提供施設協会

（以下、全視情協という）の指導を受け、日中は点字データのプリントアウトの製本化、点字による封筒への印字、手書き図書のデータ化などの実習に取り組む。逆に言えば、点訳の訓練生になるということは、盲導犬パピー育成プログラムの受講生にもなるということだ。点訳の訓練期間は一年で、そのうち一〇か月間はパピーとともに過ごす。

6Cユニットには、犬がいることに惹《ひ》かれて来る者もいれば、点訳を学びたくて来る者もいる。だが6Cで一年を過ごすうちに、多くの訓練生にとって当初の志望動機の違いはたいしたことではなくなるようだ。盲導犬候補のパピーを育てることも、点訳実習をとおして視覚障害者への情報提供をすることも、ともに大切なボランティア活動である。訓練生の中には、それまでボランティアをしたこともなければ興味もなかった、という人が少なくないが、これらの経験をとおし、視覚障害や福祉の分野についても目を開かれていく。

働く犬の育成や訓練を受刑者に任せる活動は、「プリズン・ドッグ」などと呼ばれ、欧米では一九八〇年代からおこなわれている。アメリカやオーストラリア、カナダ、イタリアなどでおこなわれているが、とくに盛んなのがアメリカで、障害のある人の生活をサポートする介助犬などの育成に取り組んでいる施設が数多くある。捨てられた犬の命を救い、

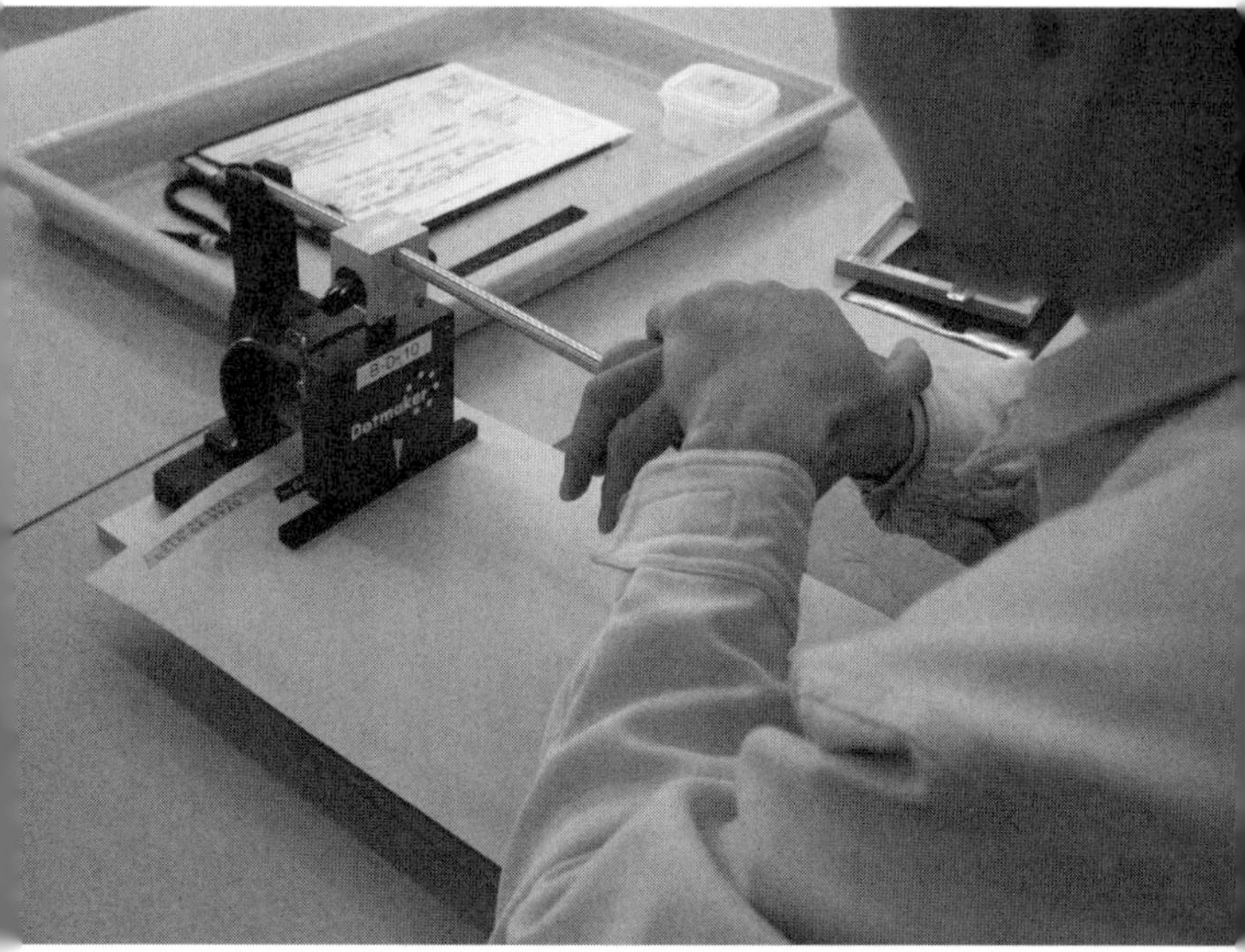

点訳実習で封筒に印字をする

ふたたび人と暮らせるようにしつけをして、新たな家庭を見つける動物愛護のプログラムもある。動物のケアをとおして、罪を犯した人に自分が傷つけた社会に何かを還元する機会を与えるこれらのプログラムは、一般市民の根強い支持を得ている。少年更生施設や薬物のリハビリ施設なども合わせると少なくとも四〇〇以上のプログラムがあり、毎年どこかでまた新たに始まったという話を聞く。

だが、日本の刑務所にはこれまで「プリズン・ドッグ」のような動物を介在した矯正教育のプログラムはなかった。島根あさひセンターの盲導犬パピー育成プログラムは、まさに日本初の試みである。それはどのような経緯で誕生したのだろうか。

それにはまず、島根あさひセンターの成り立ちから話を始めなければならない。

PFI刑務所とは

島根あさひ社会復帰促進センターは、日本で四番目の「PFI刑務所」である。他には、山口県の美祢《みね》社会復帰促進センター、兵庫県の播磨《はりま》社会復帰促進センター、栃木県の喜連《きつれ》川《がわ》社会復帰促進センターがある。

PFIはPrivate Finance Initiativeの略で、PFI刑務所とはつまり、民間の資金とノウハウを活用して施設の建設、維持管理、運営などをおこなう刑務所のことだ。よくアメリカやイギリスなどの「民営刑務所」と混同されることがあるが、それとは異なる。刑務所の運営すべてを民間のみでおこなう民営刑務所とちがい、日本のPFI刑務所では、「刑罰の執行」つまり、強制的に自由を奪うという公権力の行使は国の責任においておこなわれるからだ。民間がおこなうのは、受刑者の給食、施設内の清掃《せいそう》、警備、受付など、おもに公権力性の弱い部分である。また、教育プログラムと職業訓練プログラムは民間がそのノウハウを生かして企画・立案し、実施している。

法務省の西田博矯正《きょうせい》局長によると、そもそもPFI刑務所が日本にできた背景には、受刑者の過剰収容の問題があった。収容定員を大幅に上まわる受刑者が入って刑務所の環境が悪化し、職員への負担が過重になっている状態を解消するために、新たに刑務所をつくる必要があったという。日本では職員一人あたりの被収容者負担率(刑事施設に収容されている人の数を職員数で割ったもの)が高い。イギリスの一・六人、フランスの一・九人、アメリカの三・〇人などに比べ、日本は二〇〇六年に四・四八人（平成一九年版犯罪白書より）と、どう見ても人手不足だった。そこで、民間委託を取り入れることで職員負担を軽減し、国とちがって会計年度の制約や時間のかかる契約手続きを回避してスピーディにつくれるＰＦＩ刑務所が必要だった（西田博『新しい刑務所のかたち――未来を切り拓くＰＦＩ刑務所の挑戦』）。

そこで二〇〇七年四月にＰＦＩ刑務所第一号として美祢社会復帰促進センターが開所、同年一〇月には播磨社会復帰促進センターと喜連川社会復帰促進センター、そして二〇〇八年一〇月に、島根あさひ社会復帰促進センターが開所した。播磨と喜連川は国が施設を建設し、運営は官民協働でおこなうという形を取ったが、美祢と島根あさひは民間が施設の設計・建設もおこなった。島根あさひセンターは、ゼネコン大手の大林組が中心となって設立された島根あさひソーシャルサポート株式会社（この事業をおこなうために設立された特別目的会社＝ＳＰＣ）と、国との協働で運営されている。懸案《けんあん》だった過剰収容は解消され、平成二六年版犯罪白書によると、二五年末には収容率は七七・五パーセント（拘置《こうち》所《しょ》も含めると六九・六パーセント）に落ち着いている。職員負担率は三・三一人に減った。

ＰＦＩ刑務所はすべて「社会復帰促進センター」と呼ばれる。前に述べた西田博矯正局長によると、この名称には、出所した受刑者の社会復帰に力を入れる施設であるということと、地域から受け入れられやすい施設とする、という意味が込められているそうだ。

ＰＦＩ刑務所の大きな特徴のひとつは、教育プログラムと職業訓練プログラムが一般の刑務所に比べてはるかに充実していることだ。一九〇八年から続いてきた古い監獄法《かんごくほう》が改正され、二〇〇七年から「刑事収容施設法」（正式名称は「刑事収容施設及び被収容者等の処遇に関する法律」）という新しい法律が施行されることになり、それまで受刑者はただ刑務作業をするだけだったのが、すべての受刑者に教育プログラムを受けさせることが義務づけられた。島根あさひセンターで取り組んでいるさまざまな教育プログラムと職業訓練についてはコラム②を読んでいただきたい。

地域の人びとに支えられて

「旭の音と匂《にお》いと色を受刑者の改善更生に生かしたい」

「受刑者には生きる望みを、地域住民には生きがいを」

二〇〇六年、初めて浜田市旭町を訪れたとき、これらの言葉を聞いた私は心から驚いた。旭町は人口約三〇〇〇人のうち六五歳以上が四割を超す過疎化と高齢化の進む町。刑務所が建設されることで、雇用《こよう》や人口、地元からの物資調達が増え、地域経済の活性化につながることが期待されるとはいえ、自分の住む町に刑務所ができてほしいと思う人はいないのではと思っていた。ところが、旭町の人びとは、刑務所のお膝元《ひざもと》の地域住民として、自分たちも罪を犯した人たちの更生にかかわりたいというのである。

これらの言葉を考えたのは、浜田市旭支所の今田泰《やすし》さん(矯正施設整備対策課課長・当時)だ。今田さんがそれらの言葉に込めた思いとは何だったのだろうか。

「もともと旭の音と匂いと色を生かせる地域づくりをしたい、とずっと考えていました。島根あさひセンターは初犯で刑期八年未満の人だけ、と聞いて、これまで修学旅行で来る首都圏やアジアの生徒たちを受け入れてきたのと、ちょっと社会で道を踏み外した人たちを受け入れるのと、そんなに変わらんだろう、と思ったんです。そして、高齢の住民も、じゃあ農業を教えてやろうとか、よっしゃ、わしもセンターの行事に参加してみようとか、センターとかかわりを持つことを生きがいにしてほしいなーと思ったんです。そのことが、受刑者の人たちにも生きる望みにつながったらなあ、と」

今田さんの言葉からは、自分の暮らす地域への深い愛着と誇りが伝わってくる。そして、罪を犯した人たちへのまなざしがとても温かい。

「彼らを助けようなんて、そんな発想じゃないんですよ。いつ自分だってそういう立場になるかわからないんだから。まあ隣組の精神といっしょですね。助けられたり、助けたり」

今田さんはなんら気負うでもなく、さらりと言うのだった。

今田さんの掲げる「旭の音と匂いと色」など、石見地方の豊かな自然を受刑者の改善更生に生かす試みとして特筆しておきたいのは農業の職業訓練である。浜田市が所有する新《しん》開《かい》団地という農業団地の一部を借り受け、地元農家の指導のもと、約三〇名の訓練生がお茶の栽培、桑の有機栽培、野菜のハウス栽培などに従事する。

お茶の栽培を指導するのは、扇原茶園《せんばらちゃえん》の会長、佐々木玲慈《れいじ》さんだ。佐々木さんは、浜田市の中山間地《ちゅうさんかんち》で農場を営むかたわら、小学生の農村体験学習や大学生のゼミ合宿などで多くの若い人びとを受け入れてきた経験がある。

「農業というのは地道な作業が多く、忍耐強さが要ります。もの言わない作物を、そのときどきの気候に振りまわされながら、額《ひたい》に汗して育てなければならない。だからこそ、人を育てる教育の場であり、『生命への感謝』を日々実感する場でもあるんです。どんな雑草にもちゃんと名前がある。この世に生を受けたものは、みな何かの役割を担っている。そういうことを訓練生に伝えていきたいんです」

お茶畑の緑が広がる空間はなんとも開放的で、そこにいるだけで心が解きほぐされていく気がする。だが、夏は強い日差しにさらされ、冬は雪と氷で凍《い》てつく新開団地での農作業はけっして楽ではない。だからこそ、「農業は人の生きる力を育む」と佐々木さんは信じている。

私自身もアメリカで農業をとおした更生プログラムなどを取材するなかでそのことを実感してきたが、アメリカのプログラムはＮＰＯによって提供されているところが多く、一般の農家がかかわっているとはあまり聞かない。佐々木さんのように地元に根ざした農家の支えによって実践されているところが、地域との共生を大切にする島根あさひセンターらしいと思う。

文通プログラム

二〇〇五年に誘致《ゆうち》が決定してから二〇〇八年に島根あさひセンターが開所するまでの間、地元の人びとは「町民会議」の場で、どのように刑務所と共存共栄していくかを熱く語り合った。あるとき、当時広島矯正管区に勤務していた手塚文哉氏(後の島根あさひセンター長)といっしょに私も出席させてもらっていた町民会議でのこと。なんと住民の側から、「受刑者と文通したい」という提案が出たのである。

この町の人たちは本気で受刑者の力になりたいと思っているのだ……。初めて「受刑者には生きる望みを、地域住民には生きがいを」という言葉を聞いたときの驚きと感動が、またもしみじみ湧《わ》き上がってくるのを感じた瞬間だった。

そのときの会議で出会った「文通プログラム」発案者の一人にその後会う機会があった。まもなく還暦《かんれき》を迎える会社員の山田さん(仮名、男性)。二〇〇九年にプログラムがスタートして以来、毎回欠かさず参加してきたという。

「島根あさひセンターがあることで、旭町が少しでも元気になってくれたらな、と思っとるんです。そして、文通プログラムのおかげでこの施設の再犯率が低いと有名になればいいなあ、と。全然知らない人だけど、いっしょうけんめい更生しようとしている人を応援できるというのは、すごいことですよ」

受刑者だから警戒するという気持ちはまったくなく、「自分の息子に『がんばれよ』とエールを送るような感じでやってます」と、山田さんはさらりと言う。文通プログラムでは、山田さんのような地域のボランティアと訓練生がペアとなり、お互いペンネームで月一回、四往復のやりとりをする。現在二〇組で、住民側の年齢層は二〇代から八〇代だ。

これまでに参加した訓練生は八四人。文通に使用する便箋《びんせん》と封筒は、知的障害のある訓練生が職業訓練で製作した手漉《てす》きの石州和紙《せきしゅうわし》で、なんともいえずしっとりした温かみがある。

ある三〇代の訓練生が山田さんに送った手紙の一部を紹介しよう。文通プログラムへの参加を希望した理由として、彼はこのように書いていた。

「いやなことでもきらわれたくないとか断る勇気がなくて、言われたことを何でも聞くことが多かったのです。(中略)そんな今までの私が変わるためには、本当の私を表現し、コミュニケーション能力を向上させたいと思ったのです。またある時期から『自分さえよければ』と自分の利益や欲望のために人を傷つけていた自分自身を変えたい、変わりたいと思ったからです」

三通目の手紙には、「二度とあやまちを繰り返さない私でありたいです。もちろんそうなります。犯罪者、前科者というレッテルの上で、人の目がこわいという気持ちも正直あります。(中略)失礼な質問ですが、犯罪者は犯罪者であり、変わることはできないと思いますか?」と、率直な心情も吐露《とろ》されていた。

それに対して、山田さんは、「自分を犯罪者だと思うな。いつまでもそれを引きずって生きていくより、これからのことをしっかり考えるように」と返事したという。そして、「人生が自分の描いた絵なら、上から塗り直せばいい。そして立派な絵を上に描けばいい」と書いたそうだ。

訓練生の返信には、こう書かれていた。

「『人を大切に、家を大切に、つながりを大切に、自分を大切に、周りの全《すべ》てに感謝し、生かされている今をせいいっぱい生きよう』という想いを心に秘めようと思っています。しかし罪を犯した私が求めていいのだろうかと思うのです。どうすればいいのだろうというのが本心かもしれません。手紙を読み、うまく言えませんが、○○さん（ペンネーム）の書かれている言葉が一つの教えであり、強く私の背中を押す言葉に感じられます」

最後の手紙には、家族が面会に来てくれた喜びとともに、けっして再犯はしない、社会復帰という未来の人生を歩きます、と誓《ちか》いが述べられていた。山田さんは、最後の手紙には必ずこう書くそうだ。「出たら一度親を連れて、島根に遊びに来てください。温泉もあるし、海の幸も山の幸もあるから」と。

「自分にとって、手紙を書いている時間は、自分自身を振り返って反省する時間。日常生活の中のイライラとか、あのときこんなことを言うてしもうたなー、悪かったなーというようなことを反省する時間なんです。話す言葉ひとつにしても、相手への思いやりが大事だということが、この年になってやっとわかってきました」

そして、「妻に『最近ものの言い方がやわらかくなったね』と言われてるんですよ」と照れくさそうに笑った。

山田さんの文通相手ではないが、このプログラムに参加したある訓練生の話も聞かせてもらった。五〇代だというその人の文通相手の住民は六〇代の男性。いちばん上の姉と同じ年齢だという。九歳のとき両親が離婚してそれぞれの生活を始め、子どもたち三人だけが置き去りにされた家で、高校生だったその姉が母親代わりとなって自分を育ててくれた。「自分を管理する力が足りなくて」強盗をし、四年の刑期をつとめるうちに、東日本大震災が発生。「みんな大変なのに、いまの自分には存在価値などないのではないか」と悩んだ。そして、「今後は自分よりもっと困っている人たちの役に立つような人生を送りたい」、そう強く思うようになった。

だが、その気持ちを話せる相手はだれもいなかった。家族に手紙を書いても返事は来ず、他の訓練生にはわかってもらえないだろうと自分の胸に秘めてきた。文通プログラムに参加を希望したのは、誰かに聞いてもらいたかったから。

「こういう思いを手紙に書くだけでも救われましたが、それに同意して励ましてくれる手紙が来て、ぜひやろう、と気持ちが固まりました。くじけそうになったら、この手紙を読み返します」

そう話しながら、彼はぼろぼろ涙を流した。

「つらいときには、きっとこの手紙が力になってくれると思います……」

文通相手の男性からは、「○○さんががんばるくらい、私もがんばることを約束します」との言葉が返ってきた。そして、最後の手紙はこう結ばれていた。

「いままで私に語ってくれた気持ちを、友人にも語ってください。出所のとき見送りたいけど、かないません。さようなら」

文通プログラム参加者の再入率(再犯し、刑務所に再入所した人の割合)は、平成二五年三月末現在で、二・七パーセント。島根あさひセンターの他のどのプログラムの参加者より低い。

パピープログラムは、どのようにしてできたか

ここまで島根あさひセンターの全体像について語ってきたが、そろそろ盲導犬パピー育成プログラムの成り立ちに話を移したい。

このプログラムを発案し、実現にこぎつける原動力となったのは、大林組のＰＦＩ推進部副部長（二〇〇五年当時）で、後に島根あさひセンターの事業を委託された「島根あさひソーシャルサポート株式会社」の初代総括業務責任者となった歌代正さんである。「はじめに」でも書いたとおり、大の犬好きで読書家でもある彼は、一〇年以上も前に書いた拙著『犬が生きる力をくれた』を読んでくれていた。

二〇〇四年にＰＦＩ刑務所の担当となったとき、刑務所について知っていることはほとんどなかったという歌代さんにとって、「自分と刑務所との唯一の接点」がこの本だったのだそうだ。島根県立大学ＰＦＩ研究会編『ＰＦＩ刑務所の新しい試み――島根あさひ社会復帰促進センターの挑戦と課題』の中で、歌代さんはこう書いている。

「飼い主に対しての犬の無償の愛は、罪を犯した人間の心にも訴えるものが必ずある、という信念が私にはあった。何よりも大塚さんのこの著書の中で、受刑者が介助犬を育成することで自己肯定感が増し、改善更生への効果が顕著《けんちょ》に出てくることが、長い取材にもとづいて明確に記載されている」

これからつくるＰＦＩ刑務所でも、ぜひ介助犬訓練プログラムを実現したいと思った歌代さんは、まず介助犬の育成団体を訪ねた。だが、日本ではまだ介助犬訓練を指導できるインストラクターの数が不足しているため、介助犬より盲導犬の育成事業に取り組むほうがいいのではないかと日本盲導犬協会を紹介され、そこで当時の専務理事だった寺山智雄さんと出会った。

「刑務所で盲導犬候補の子犬を育てる」という構想を、寺山さんはどう受け止めたのだろうか。

「一頭の盲導犬を育てるには、大変な労力とお金と愛情が必要なんです。だから、視覚障害者はもちろんのこと、さらに多くの人たちのために生かせないだろうかというのは以前から考えていました。この話を聞いたとき、盲導犬のパピーを育てることが受刑者のためになるなら、それで人が救われるなら、ぜひやりたいと思いましたね」

寺山さんはこうも話した。

「視覚障害者の人びとも、昔は差別され、外にも出してもらえないという時代があったんです。自由を奪われているという点では、塀の中にいる人たちもそれと似たような境遇なのかもしれない。もちろん、罪を犯して入っている人には責任があるわけで、障害とはちがいますが、いろんなハンディを背負って罪を犯すにいたった人も多いんじゃないかと思うので、そういう人たちのためになるなら、やりがいがあると思いましたね」

日本盲導犬協会にとって、受刑者にパピーウォーカーを担ってもらうという日本では前例のない試みにチャレンジするのは勇気のいることだっただろう。だが、協会は未知の領域に踏み出すことを決断。現在の専務理事、吉川明さんが「島根あさひ訓練センター開設準備室室長」となり、歌代さんや法務省のPFI推進班のメンバーだった森田裕一郎専門官や堀内美奈子事務官(肩書きは当時)らとともに、プログラムの立ち上げをおこなうことになった。盲導犬パピー育成プログラムは育成団体の協力なしには成立しない。日本盲導犬協会とのパートナーシップが得られたことにより、初めてこのプログラムは実現可能なものとして具体的に動き出すことになった。

なにしろ日本にはまだない新しいプログラムを立ち上げようというので、まずは海外の先行事例からいろいろ学ぶ必要があった。プログラムの仕組みを考えるうえでもっとも参考になったのは、ニューヨーク州の六か所の刑務所で活動している団体「パピーズ・ビハインド・バーズ(Puppies Behind Bars = PBB)」だ。一九九七年に設立されたPBBは、最初の九年間は盲導犬候補のパピーを受刑者に育ててもらうという島根あさひセンターと同じような活動をおこなって成功し、全米の注目を集めていた(現在育成しているのは介助犬や爆発物探知犬で、受刑者が育てるだけでなく訓練もする、つまり最終的に受け取り手となる人のもとに送り出すまでを受刑者に担ってもらうという方式に変わっている)。

二〇〇七年の春、吉川さんら日本盲導犬協会のスタッフと歌代さんはニューヨーク州の刑務所でのPBBの訓練風景を視察し、受刑者たちとも言葉を交わした。訪問した刑務所には殺人などの重罪を犯した刑期の長い受刑者も多くいたが、「これが刑務所？」と思うほど、彼らの表情が生きいきして楽しそうだったと吉川さんは振り返る。

PBBは重罪を犯した人にも子犬を任せている。吉川さんは、そういう人たちでもちゃんとやれるのだということ、PBBのスタッフの「私たちが彼らを信頼して犬を任せるからこそ、彼らも私たちを信頼してくれるんです」という言葉に衝撃を受けたという。そして、強面のいかつい男性が、「ここへ来て初めて家族の愛を感じるようになった」と話すのを聞いたときは、「やはり犬の力はすごい、こんなに人を変える力があるんだと思いました ね。愛情を知るということが、人にとってどれだけ大切かを実感しました」と語った。

まだニューヨークにいるうちから、吉川さんはさっそくプログラムの仕組みを考え始めた。やはり一番のネックは、刑務所の中だけではどうしても不足する社会化の部分をどうするか。そこで、週末は地域のウィークエンド・パピーウォーカーに育成を担ってもらい、中の訓練生たちとのやりとりは「パピーウォーカー手帳」をとおしておこなうことにした。じつはこのパピーウォーカー手帳は、吉川さんが子どもや孫たちの幼稚園の「連絡帳」からヒントを得て考えついたものだが、後にこのプログラムの最大の収穫の一つへとつながっていく。

ＰＢＢでも、週末は地域のボランティアに子犬を預け、あちこちに連れ出してもらうという方式をとっている。このボランティアには希望者が殺到し、登録してから実際に犬を預かれるまでは、なんと一年待ちだそうだ。

それほど人気がある理由はなぜか。ニューヨーカーは多忙で、犬を飼いたいけれど飼う時間的余裕のない人がおおぜいいることも一つだろう。だが、ボランティアへのインタビュー記事などを読むと、ＰＢＢが介助犬を必要とする人にとっても、育成にかかわる受刑者にとっても大きな恩恵をもたらす社会貢献のプログラムであることが一般にも広く認知され、自分もその一翼を担いたいという思いが人びとを引きつけていることが一番の理由のように思える(*New York Post*, August 8, 2010)。

帰国した吉川さんたちは、さらにプログラム開始の準備を進めていった。一般家庭でのパピーウォーキングであれば何でもないことでも、刑務所ではそうはいかない。たとえば犬のリードはどこに保管し、どのように管理するか。刑務所では受刑者の自殺防止は重要な責務であるため、リードのような「長尺物《ちょうじゃくもの》」の管理には慎重にならざるを得ない。また、おもちゃやグルーミング道具、ドッグフードなどを置く場所や、パソコンなどの電子機器を使う点訳の職業訓練中、訓練室のどこにケージを配置するかなども、法務省の担当者らとともに頭をひねり、熟慮しなければならなかった。

島根あさひセンターの施設が完成した後には、実際に三頭の犬を連れてきて、官民いっしょに起床から就寝までの一日の流れをシミュレーションしてみた。そのなかで、子犬が食べたものを吐《は》いたとか、運動場でリードがはずれて逃げてしまったなど、パピー育成中に起こりうるハプニングを想定したシミュレーションもやってみたが、運動場で犬が走り出したときは、あまりのスピードに誰もついていけず、追いかけてつかまえるなどとても無理であることがわかった。結局「疲れて戻ってくるのを待つしかない」と、みんなで顔を見合わせたのだった。

もっとも手間ひまをかけた作業はプログラムのマニュアル作りである。

「一八年という長い契約期間中、どんどん担当者も交代していくなかで、当初の理念を伝え、継承していくためには、ぜひともマニュアルが必要だと思ったんです」と、森田専門官はふり返る。そこで、協働する日本盲導犬協会、法務省、大林組の各担当者が何度もやりとりを重ねた末に「盲導犬パピー育成テキスト」が完成。そこには具体的なパピーの世話やしつけの仕方だけでなく、盲導犬の役割や歴史、刑務所でパピーを育成することの意義など、このプログラムの理念が余すところなく述べられている。そこには、これは犬とふれあうことで癒しを得ることを目的にしたアニマル・セラピーではなく、社会貢献活動なのだということも明確に謳《うた》われている。

そして二〇〇八年一〇月、島根あさひ社会復帰促進センターの開所と同時に、隣接する地域交流エリアに日本盲導犬協会の島根あさひ訓練センターがオープン。これは中国・四国エリアでは初めての盲導犬訓練施設であり、視覚障害の人たちへのリハビリテーション

訓練センターの前に立つ盲導犬訓練士たちと訓練中の犬たち

事業もおこなう。地域の障害者福祉を促進する拠点として、地域に貢献するために作られたものだ。

ちなみに、地域交流エリアというのは、島根あさひ社会復帰促進センターと高速道路をはさんで向かい側にある敷地で、地域と刑務所の接点となる場所作りを念頭に、刑務所と併行して建設が進められたエリアである。ここには盲導犬の訓練センターのほかに、地域から要望の強かった保育園「あさひ子ども園」とビジターセンターも建設された。子ども園には隣接する官舎に暮らす刑務官の子どもたちも多く入園し、外から転入した刑務官と地元住民との交流促進にも一役買っている。

日本盲導犬協会、法務省、大林組を代表とする島根あさひソーシャルサポート株式会社。この三者のパートナーシップのもとに、いよいよ島根あさひ社会復帰促進センターにおけるパピープログラム開始の準備が整った。最初の年はパピー三頭と訓練生一二人で始めることが決まり、二〇〇九年二月初旬、点字点訳の職業訓練の受講希望者(つまりパピープログラムの参加希望者)の中から選ばれた一二名が6Cユニットに移動してきた。彼らはこれから一年間、このユニットで点字を学び、子犬を育てながら過ごすことになる。

子犬たちが来る四月までの間、まず訓練生たちは全視情協の指導のもと、点字点訳の基本を習い始めた。日本盲導犬協会からも、最初の四年間パピープログラムを担当する松本健太郎訓練士が来て、事前講習を始めた。盲導犬とは視覚障害者にとってどんな存在か、パピーウォーカーの役割は何か、から始まり、子犬の健康管理や食餌《しょくじ》の与え方など、子犬たちが来るまえに訓練生に知っておいてもらいたいことを伝えた。また、実際に現在盲導犬になるための訓練を受けている犬を連れてきて、訓練生にコマンドを出してもらい、よく訓練された犬とはどんなものかを具体的に見てもらったりもした。

事前講習の最終回では、盲導犬ユーザーの須貝守男さん(六〇)に、パートナーの盲導犬とともに島根あさひセンターまで出向いてもらい、直に訓練生に話をしてもらった。

須貝さんは目の病気のために中途失明した。三六歳のとき、「あなたは失明する可能性が高い」と医師から告げられて、そのときは青天《せいてん》の霹靂《へきれき》だったという。運転もしているし、テニスもしているのに、失明だなんて、まさか。だが、半信半疑だったある日、運転中に突然視界が欠けて対向車が見えなくなったことがあり、運転をやめざるを得なくなった。そして、四〇代に入ってからは白杖で歩くようになり、その後四六歳で盲導犬ユーザーとなった。

須貝さんはしみじみと、訓練生にこう語りかけた。

「自分が失明するとわかったとき、まっさきに頭に浮かんだのは『自分は役立たずの人間になってしまう』ということでした。将来は何をするにも人の助けが必要になるんだろうな。家族だって僕がいたら迷惑かもしれない。自分の居場所がなくなってしまうんだろうな、と……」

絶望に打ちのめされていた須貝さんの目を開かせたのは、テレビで流れていたあるコマーシャルだったそうだ。寝たきりの女性が病室から電話をかけ、寂《さび》しい子どもの話し相手になっている。その女性は病室から一歩も出られないにもかかわらず、自分にできることを見つけ、居場所をつくり出していたのだ。それを見たとき、須貝さんも「自分で自分の居場所をつくっていこう」と思ったのだという。

訓練生たちは食い入るように真剣に須貝さんの話に耳を傾けていた。彼らも皆、社会から退場させられ、自分の居場所をなくした人たちだ。失明によって居場所を失った人と、犯罪でそうなった、いわば「自業自得《じごうじとく》」の人を同列に比べるのはおかしい、と感じる人も

須貝さんと盲導犬クロス。右は松本訓練士

いるかもしれない。だが、須貝さんが訓練生たちに向かって語りかけたのはこんな言葉だった。

「自分で自分の居場所をつくるというのは、自分にできることは何かを探すこと。それが僕にとってのリハビリテーションです。皆さんにもぜひそういうリハビリテーションをしてもらいたいんです」

須貝さんのこのメッセージは、訓練生たちの心に深く染《し》みたようだ。その後何か月、何年も経ってからも、このときの言葉が忘れられないと話す訓練生たちがいたことを記しておきたいと思う。

須貝さんの現在のパートナーは七歳の盲導犬クロス。九年間ともに歩いたリンディという犬が引退したあとの二代目の盲導犬だ。盲導犬と暮らすようになって、須貝さんは小学校などあちこちに講演に出かけるようになった。コンサートに出かけたり、目が不自由な人も楽しめる観劇会を企画したりと、遊ぶことも忘れてはいない。失明するかもしれないと告げられ、絶望していたとき、たまたま道ですれ違った視覚障害者の男性は、同行者と笑顔で語り合いながら歩いていた。その笑顔を見たことが、また希望を持って生きることにつながった。だから、自分も笑顔でいたいと思う。

「視覚障害があってもクロスと楽しく歩くことが、自分の義務のような気がするんです。それが自分にできる社会貢献かなあ」

須貝さんとそのかたわらに寄りそう盲導犬。信頼と愛情で結ばれたペアを目《ま》の当たりにし、生の声を聞いたことは、これからパピープログラムにのぞむ訓練生にとって何よりの心の準備になったにちがいない。

これらさまざまな準備を経て、三月後半にはパピー育成のチーム編成が発表された。第一期は、ニューヨークのPBBと同じように、各チームに一人主担当の訓練生を決め、残りのメンバーは副担当として補佐にまわる形を取ることにした。チームが決まったあとは、それぞれもうすぐ迎えるパピーの名前を考え、A班はオーラ(雌)、B班はナーブ(雄)、C班はナッシュ(雌)に決まった。

あとはパピーたちが来るのを待つだけだ。

まもなく日本で初めて、刑務所の中に子犬がやってくる——。

コラム① 日本の刑務所――どのような人たちが収容されているのか

日本では、刑務所、少年刑務所、拘置所という三種類の施設を総称して、「刑事施設」と呼んでいる。ざっくり言うと、刑務所と少年刑務所はすでに刑が確定した受刑者が収容されるところ、拘置所はまだ刑事裁判が確定していない未決の人を拘禁《こうきん》するところだ（ただし、死刑囚は拘置所に収容される）。刑務所が六二（そのうち女子刑務所は八）、少年刑務所が七、拘置所が八ある。

若い読者のために、少年刑務所と少年院とはまったく異なるものだということもつけ加えておきたい。少年刑務所は、二〇歳未満だが犯罪内容が重大で、大人として裁かれて懲役《ちょうえき》または禁固《きんこ》刑《けい》を受けた者が収容される施設（実際は二六歳以上の若者もいる）。これに対し、少年院というのは、家庭裁判所から保護処分を受け、非行をやめるための矯正教育を受けながら社会復帰をめざす少年たちが収容される施設だ。少年刑務所は刑事施設、少年院は教育施設、と覚えておけばわかりやすいだろう。

日本の刑務所と少年刑務所には、どれくらいの数の受刑者が入所しているのだろうか。平成二六年版犯罪白書によると、平成二五(二〇一三)年の入所者数は二万二七五五人(そのうち女性は二一二二人)。男性受刑者の数は平成一九(二〇〇七)年以降ずっと減り続けているが、女性のほうは逆に増え続けており、二〇年前の三倍にもなっている。

本文でも書いたとおり、男性受刑者については定員オーバーの過剰収容状態は解消された。だが、女性のほうはいまも完全に解消するには至っていない。認知症や摂食障害の受刑者のケアなど負担の多い労働環境で職員が定着せず、ベテランの刑務官が不足していることも大きな課題だ。

どんな理由で刑務所に来るかというと、男性の場合は、窃盗《せっとう》がもっとも多く(三二・三パーセント)、ついで、覚醒剤《かくせいざい》取締法違反(二五・一パーセント)、詐欺《さぎ》(八・八パーセント)、道路交通法違反(四・九パーセント)、傷害(四・九パーセント)となっている。

女性の場合は、約五〇パーセントが覚醒剤取締法違反だが、六五歳以上の高齢女性の場合は窃盗が約九〇パーセントともっとも多く、しかもその大半は万引きだ。コンビニでおにぎり一つ万引きした場合、これまで窃盗をくり返してきた人だと、また刑務所送りになってしまうのだ。

入所受刑者の年齢層は、男女ともに三〇代、四〇代が多く、両方で半分以上を占めるが、女性受刑者の場合、六五歳以上の高齢者が一五パーセント近くを占めており、経済的困窮《こんきゅう》や孤立が犯罪につながっていることがうかがわれる。男女ともに、高齢受刑者は二〇年前の約五倍に激増している。

また、特記しておきたいのは、入所者の教育程度のことだ。平成二五年版犯罪白書によると、社会全体では高校に進学する人の割合は九八パーセントを超えているにもかかわらず、入所者のうち中卒の人(男性)が四二・五パーセントもいる。高校中退が二三・六パーセント、高校卒業はわずか二五パーセントしかいない。女性にいたってはもっと低く、中卒の人が占める割合は五六・五パーセントにのぼる(平成二〇〜二四年の累計)。じゅうぶんな教育を受けなかった、あるいは受けられなかった人がこれだけいるのである。

刑務所に入所する人のなかには、知的障害のある人もいる。平成二五年に法務総合研究所が発表した「知的障害を有する犯罪者の実態と処遇」という調査によると、平成二四年末の時点で全国の刑務所に入所している知的障害のある受刑者は七七四人、知的障害の疑いのある受刑者は五〇〇人で、受刑者全体の二・四パーセントを占める(ただし、一般に知的障害があるとされるIQ六九以下の受刑者は、平成二二年の矯正統計年報によると約二二パーセントのため、実際はもっと多いという指摘もある)。

知的障害のある受刑者も、急速に増えている高齢の受刑者も、地域で暮らすための支援がもっとあれば、刑務所まで来なくてすんだのでは、という人たちが少なくない。現在は全国すべての都道府県に「地域生活定着支援センター」が設置され、必要な人を福祉につなげるなどの支援が始まっているが、その成果が見えてくるまでにはまだ時間がかかるのかもしれない。服役を終えて出所しても、どこにも行き場がないために、万引きや無銭飲食で刑務所に舞い戻ってくる人びともいるのが現状だ。

刑務所が最後のセーフティネットになっているという、このわびしい現実。私たちの社会のありようが問われていると言えるのではないだろうか。

出所した人たちのその後については、コラム④を読んでほしい。

第2章

春　パピーとの出会い

パピーたちがやってきた

二〇〇九年四月一三日の6Cユニットは熱気に包まれていた。

多目的ホールの真ん中に並べられた椅子に腰かけ、手をひざにおき、姿勢を正して待つ一二人の訓練生たち。それをかこむように、島根あさひセンターの幹部職員と日本盲導犬協会のスタッフが両サイドに座る。さらにその外側には、報道陣のテレビカメラやスチールカメラがずらっと並んでスタンバイしている。いよいよこれから、三頭のパピーを訓練生に託《たく》す「委託式《いたくしき》」が始まろうとしていた。

やがて、カートに載せられたパピーたちが6Cユニットに到着。まだ小さいので一つのケージにいっしょに入っている三頭は、ケージの中でお互いにくっつき合い、団子のようになっている。なんとも愛らしいその姿に、皆の視線がいっせいに注がれた。

冨田容可《ひろか》センター長（当時）の訓辞《くんじ》のあと、日本盲導犬協会の井上幸彦理事長があいさつ。いよいよ訓練生に子犬を託すときが来た。

カートに載せられ、委託式に向かうパピーたち

「パピーをよろしくたのみますよ」

井上理事長は一頭ずつパピーを抱きあげ、主担当の訓練生に手わたしていく。あどけないパピーを受けとり、そっと腕の中に抱いた訓練生は、みなこぼれるような笑顔を見せた。いよいよ待ちに待った子犬たちとの生活が始まるのだ。

三頭のパピーのうち、生後二か月ちょっとのナーブとナッシュのきょうだいは、ラブラドールとゴールデン・レトリバーのミックス。オーラは純粋のラブラドール・レトリバーだ。生後二か月足らずでいちばん幼いオーラは、まだ訓練生の腕のなかにすっぽり入るくらい小さい。

子犬たちの到着をいまかいまかと待っていたのは、訓練生だけではない。６Ｃユニットを担当する望月秀規刑務官もそうだった。

「注目のパピーユニットの担当に決まったと聞かされたときは、ほんとに誇《ほこ》らしかったです」と、目を輝かせる。

「刑務所の中で、犬といっしょに生活できるゆうのも楽しみでした。自分も犬が好きなんで」

だが、期待と同時に、不安もあった。訓練生から「親父」と呼びならわされる訓練室担当の刑務官は、彼らの悩みや困りごとを聞くと同時に、ユニットの規律も保っていかなければならない。そこに、やんちゃでいたずら盛りの子犬たちが入ってくるのだから、どんなハプニングがあるかわからない。パピーと訓練生の両方、ちゃんと見ていけるのだろうか……。

そんな不安と緊張が入り混じってはいたものの、ぬいぐるみのような愛らしい子犬たちを見たときは、思わず口元がほころんでしまった。

委託式のあとは、すぐにパピーレクチャーが始まり、松本訓練士が中央に進み出た。松本さんは当時三二歳。長身で浅黒く、いかにもスポーツマンといった風情だが、じつは詩や随筆を愛読する繊細な青年だ。日本で会社勤めをしたあとイタリアに語学留学し、レストランで働きながら四年間滞在。その後、盲導犬訓練士学校に入学して訓練士になった、という変わり種である。

松本さんはホール中に響きわたる大きな声で、訓練生たちに話しかけた。

「まずみなさん自身が楽しんでください。そうすれば、犬たちもいっしょに楽しみなが

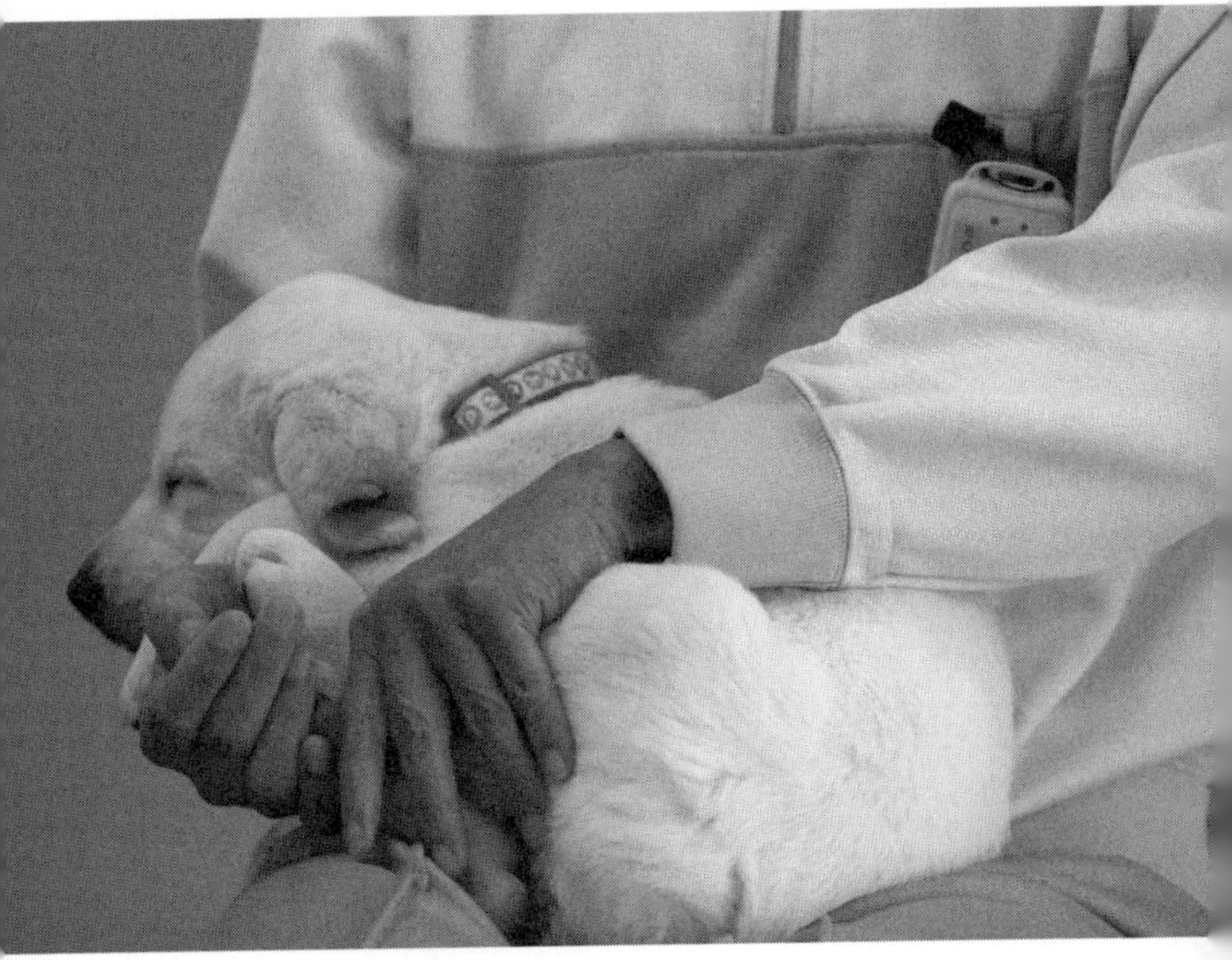

腕のなかにおさまる小さなオーラ

パピーたちを見て微笑む望月刑務官

ら成長していきますから。楽しみながら、きちんとやる。これがポイントですよー」

レクチャーの最初は、まずトイレのしつけを教える方法から。中にペットシーツを敷いたトイレサークルの中にパピーを入れ、「ワン、ツー、ワン、ツー」と号令をかけ、排泄《はいせつ》をうながす。「ワン」はおしっこ、「ツー」はウンチのことだ。盲導犬候補のパピーがこうやって人の出すコマンドにしたがって排泄できるようにしつけるのは、パピーウォーカーの重要な仕事である。犬が自分のしたいときにどこでも排泄するようでは、目の不自由な盲導犬ユーザーは困ってしまうからだ。

「ワン、ツー、ワン、ツー」

主担当の訓練生がリズムをつけて声をかけると、子犬はふんふん匂いを嗅《か》ぎながら、トイレサークルの中をぐるぐる回った。何度か声をかけるうちに、ついに子犬がじゃーっとおしっこしたときには、訓練生たちからいっせいに拍手と歓声が上がった。

つぎに練習したのは、「ほめ方」。盲導犬の訓練は、ほめて育てるのが基本だ。失敗したときに叱るのではなく、うまくできたときにほめることによって、犬にどうすればいいのかを理解させるやり方で、陽性強化法といわれている。犬がこちらのコマンドにしたがっ

トイレサークルの中で排泄するナーブ

たとき、あるいはよいふるまいをしているときには、それを強化するために、思いきり「グッド！」とほめてあげる。「その調子だよ、いいよ！」という感情をこめて、はっきり口に出さなければ犬には伝わらないのだが、最初のうちはみんな照れくさくてなかなかできず、口の中でもごもご言っている。松本さんに、「はい、もっと大きな声で！」と言われながら、少しずつ「グッド！」を声に出す練習をする。

それにしても、初めてパピーを自分の腕に抱いた訓練生たちのしぐさには、幼いものへの慈《いつく》しみがあふれていた。第一期の訓練生の年齢は三〇代、四〇代が中心で、一番上は六〇代だったが、そんないい年をしたおじさんたちが、子犬を抱っこして揺すりながら、「いい子でちゅねー」と赤ちゃん言葉で話しかけている。

このときのパピーたちの体重は、いちばん大きなナーブで五・四キロ。いちばん小さいオーラが四・二キロ。ちょうど大人の猫ぐらいの重さだ。

「もう、かわいい！の一言ですねー」

「これからずっといっしょにいられると思うと、うれしくてうれしくて……」

どの訓練生もみんな顔をくしゃくしゃにして、パピーにほおずりしている。二月初旬に

6Cに来てから約二か月。点訳を学びながらパピープログラムの事前講習を受けてきた彼らにとって、ついに待ちに待ったときが来たのだ。

オーラの主担当になった最年長の永瀬さん(六〇代)などは、「はいオーラ、お父さんとこにおいでー」と、早くもパパモードになっていた。そろそろ頭のてっぺんが薄くなりかけている永瀬さんだが、腰をかがめてオーラの目の高さになり、床に転びそうになりながら、いっしょうけんめい遊び相手になる。床から立ち上がったときには、「あたた……」と腰をさすっていた。

永瀬さんとは出所後もずっと交流が続いている。彼が服役中につけていた日記も読ませてもらった。それを見ると、この日の文章にはしっかりと赤線が引いてあった。

「パピーが来た！　やっと会えた！　名前は見事『オーラ』!!　名づけ親になった!!」

自分が考えた「オーラ」という名前が採用されたうれしさが、行間からほとばしっていた。

レクチャーのあとは、チームごとにパピーたちのグルーミングをする。グルーミングというのは、人間の洗顔・歯磨きなどにあたる身のまわりの手入れのこと。メンバー四人で協力しあい、ブラッシングをしたり、耳掃除をしたり、足の裏をふいたりして、パピーの体をきれいにしてやる。スキンシップをとると同時に体に異常がないかを調べるグルーミングは、これから毎日の大切な日課になる。

みんなが「かわいい、かわいい」を連発するなかでも、「盲導犬になる犬なんだから」と、冷静に自分を律しようとする人もいた。ナーブの主担当になった高木さん(三〇代)だ。彼は歩くときは背筋だけでなく指先までびしっと伸ばし、いつも口を真一文字に結んでいる。その様子からは、非常にきまじめな性格の人であることがうかがえた。

「この子はペットじゃないんで、これまでの自分の犬の飼い方と同じじゃだめだと思うんです。目の見えないユーザーさんにとっていい犬になるよう、自分らは心して育てていかないと」

高木さんの口ぶりは真剣そのものだった。

愛犬家の彼は、拘置所にいるときから島根あさひセンターで盲導犬パピー育成プログラムが始まることを聞いていて、どうせ刑務所に行かなければならないのなら、このようなプログラムに参加したいと思っていたそうだ。その願いがかなってパピーユニットに配属

グルーミングされるナッシュ

されたときは、「やった！」と思った。そのうえ主担当にも選ばれたのだから、相当気合いが入っているのもうなずける。ナーブを託された日、高木さんはパピーウォーカー手帳の一ページ目にこう書き込んだ。

今日、初めてナーブと会い、共同生活が始まりました。他の二頭と比べても一番やんちゃな子のようです。大人になってもやんちゃでは困りますが、今はとにかく元気に育ってほしいと願っています。

そして、最初の週のテーマ（取り組む課題）を、「とにかくほめてあげること。名前をたくさん呼んであげること」にした。

委託式から一夜明けた翌日、高木さんに「昨夜はどうでしたか？」と聞いてみると、彼は目をショボショボさせ、「じつはナーブが下痢気味だったんで、ほとんど寝れませんでした」と答える。昨夜は一時間ごとに起きて排泄の世話をしたのだという。

第一期では、パピーは基本的に主担当の訓練生の部屋で眠り、二か月目からは週に二日、副担当の部屋に順番に泊まるという方式を取った(現在は、最初の一か月はチームリーダーの部屋に泊まり、その後は他のメンバーの部屋に三日ずつ泊まるという方式に変わっている)。そのため、パピーがまだ幼い最初の数週間は、主担当は乳児をかかえる母親のように夜中に何度も起きて排泄させなければならず、必然的に寝不足になる。

島根あさひセンターでは、訓練生の居室は基本的にすべて単独室で、四畳のスペースにベッドと机が置かれ、トイレと洗面台も室内にある。そこに犬のケージとトイレサークルを置くと、ほとんど足の踏み場もなくなってしまう。かわいいパピーのためとはいえ、最初の一か月間毎日この狭い中で暮らし、しかも夜中に何度も起きなければならない主担当は、体力的にも精神的にもかなりきついにちがいない。

だが、高木さんはまったく苦にしている様子はなく、むしろうれしそうだった。

「自分の犬が子犬だった一〇年前も、夜中にしょっちゅう起きて排泄させてましたから。むしろなつかしいぐらいです」

高木さんは、家で待っている愛犬の写真を見せてくれた。耳がぴんと立ったりりしい柴犬で、名前はルカという。

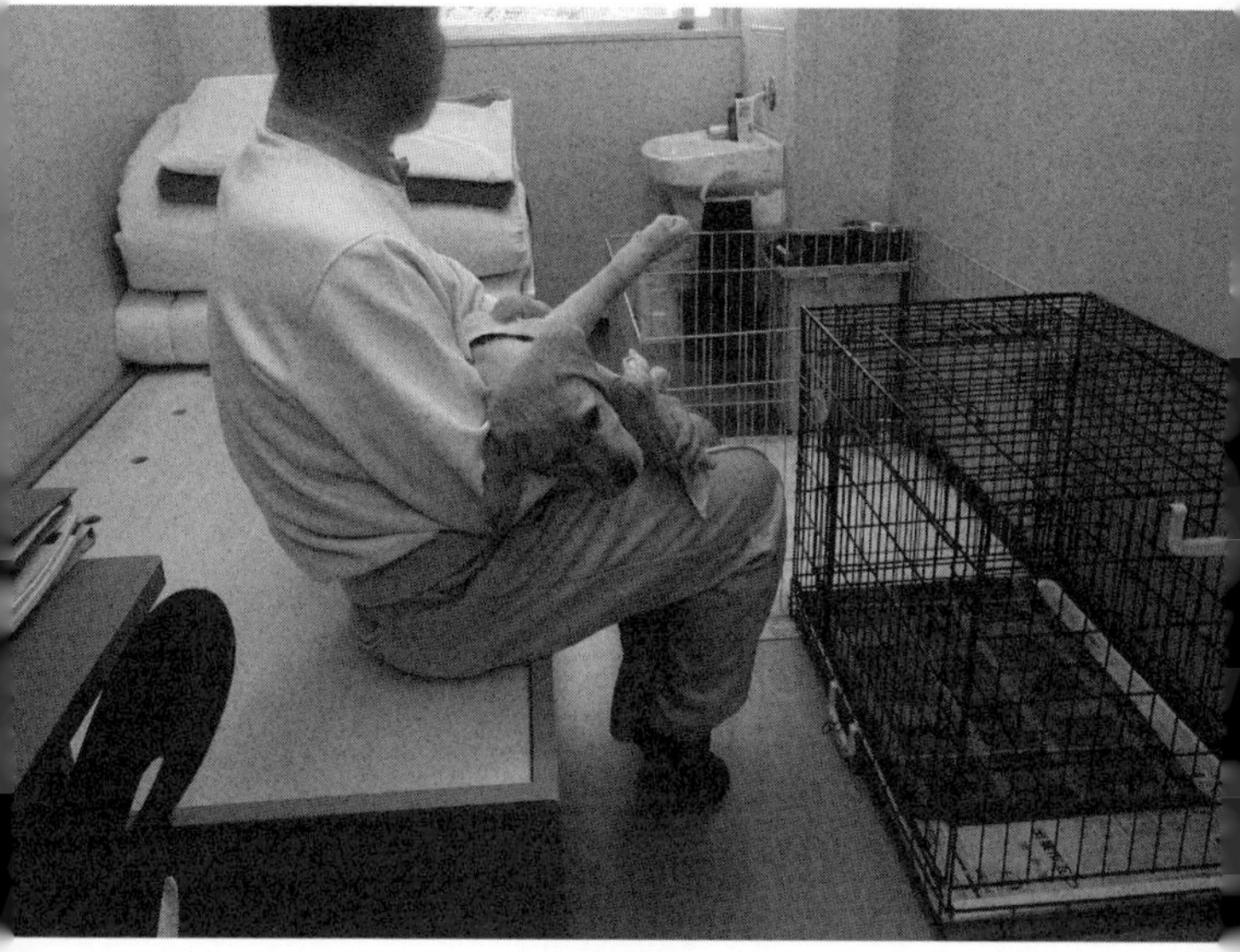

居室の様子

「ルカがいなければ、もう自分の人生に喜びはないですね……」

高木さんはそうつぶやいたあと、話を変えた。

「ナーブ、急に環境が変わって、きょうだいたちからも引き離されて、やっぱ心細いんでしょうね。だから下痢になったのかもしれないですね」

そして、いつも固く結んでいる口もとをちょっとほころばせて言った。

「でも、もう僕になついてくれてるみたいで、自分からそばに来てくれるんです」

オーラの主担当、永瀬さんも、愛犬を家に残してきていた。家族の誰より彼になつき、腕枕で寝ていたというマルチーズのマリちゃん。もう一八歳なので、人間でいうと九〇歳近い。別れたときは、すでに眼もよく見えず、よたよた歩きの状態だったという。

「自分は満期までまだ二年あるんですわ。マリちゃん、わしが帰るまで生きて待っててくれるかなあ。待っててほしいけど、こればっかりはなあ……」

永瀬さんはそう言ってため息をついた。もしかしたらマリちゃんにはもう会えないかもしれない。だからこそ、マリちゃんの分までオーラに愛情を注いでやらなければ。永瀬さんはそんなふうに思っているようだった。

最初の夜、三頭のなかでオーラだけは体調を崩すこともなく、よく寝たそうだ。永瀬さんは誇らしそうにこう宣言した。

「どうやらうちの娘はなかなか神経が太いらしい。これは盲導犬の器ですよ！」

犬のいる生活

パピーユニットの一日の流れを見てみよう。

朝六時四〇分、起床。子犬たちの排泄と食事、自分たちの朝食を済ませ、七時四五分（現在は七時三〇分）にユニットを出て隣接した訓練室に移動。八時から点訳実習スタート。一一時から一二時までは運動時間で、天気がよければ戸外の運動場、悪ければ体育館か訓練室で運動する。これは訓練生だけでなく、パピーたちにとっても広いところで思いきり走りまわれる貴重な時間だ。その後また訓練室に戻り、パピーたちに食事を与えたあと、人間は一二時一五分から昼食。三時まで点訳実習をしたあと、一五分の休憩時間をはさんで、また点訳の作業。終業は五時で、その後6Cユニットの多目的ホールに戻り、まずパピーの食事、それから人間が夕食を取る。

夕食後は余暇《よか》時間で、多目的ホールで新聞を読んだり、将棋をさしたり、あるいは自分の居室で本を読むなり勉強するなり、各人それぞれ好きなことをして過ごしてよいことになっている。が、パピーユニットではこの時間帯にパピーたちのグルーミング、人間の入浴、そして遊びが組み込まれている。そこに週二回は三〇分のユニットミーティングも入るため、夜の時間もけっこう忙しい。

九時になると、全員がそれぞれの居室に入り、鍵がかけられる。一〇時就寝だが、主担当の訓練生は夜も排泄の世話がある。文字通り二四時間態勢だ。

さて、日中訓練生たちが作業している間、子犬たちはどうしているかというと、排泄と遊びの時間以外は訓練室の隅に置いたケージの中で寝ている(現在は午前中、盲導犬訓練センターに連れていき、運動させるようになっている)。最初のうちは訓練生が点訳実習をしている間も、「かまってちょうだい」と声をかぎりに鳴いていたが、やがて作業のルーティーンがわかってきたのか、排泄の時間になり、訓練生がケージから出しに来るまでおとなしく待っていられるようになった。

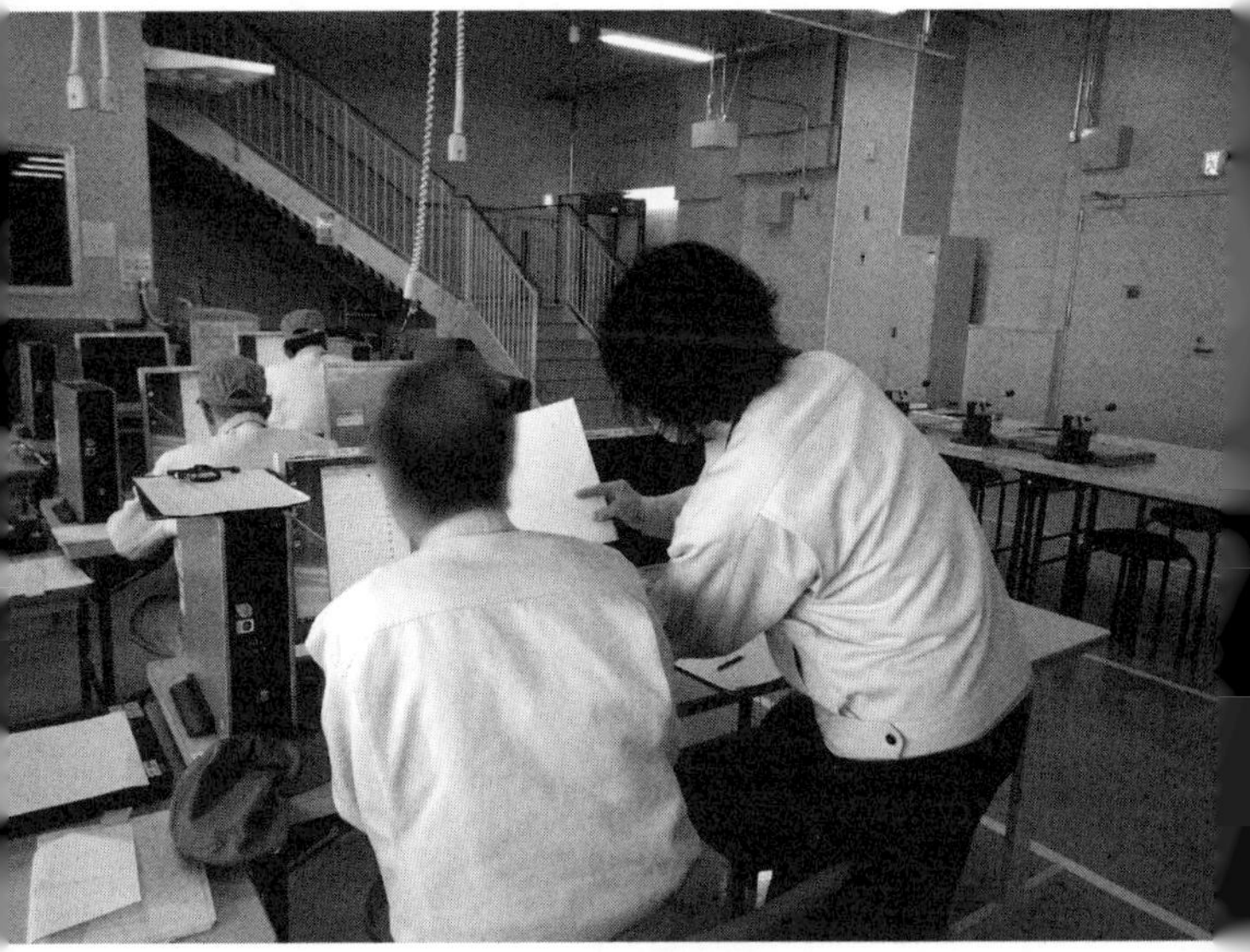

訓練室での点訳実習の様子

第一期では、委託式後の二週間をトライアル期間と位置づけ、訓練生の仕事ぶりを見てから正式にパピーウォーカーに任命する、という慎重な手続きを取った。たしかに最初の二週間はわからないことだらけで、訓練生からは質問が続出した。「ほめるとき、『グッド』以外の言葉を使ってもいいんですか?」「パピーが鳴いたら、そばに行ったほうがいいのか、それとも無視したほうがいいんでしょうか?」などなど。

二期目以降は、すでに一年間の職業訓練を終え、パピーウォーカーも体験した訓練生数名が点訳の指導補助として数か月間6Cに残り、新入りの訓練生にアドバイスをするという方式を取っている。そのおかげで、このような疑問はおおかた訓練生どうしで解決できるようになったのだが、このときはまだ一年目。すべてが初めてのことばかりで、まさに手探りの日々だった。

パピーたちが来た最初の週、主担当の訓練生たちは毎晩排泄の世話で、寝不足が続いていた。

永瀬さんが書いたオーラのパピーウォーカー手帳を見てみよう。

◆四月一七日

夜中、めざめるとオーラが座ってこっちを見ていたが、自分はそのままスーッと少し寝てしまった。めざめると、オーラは毛布を端に寄せ、新聞紙にツー（ウンチ）をしていた。オーラが気を使って（私を）寝かせてくれたのだろうか……オーラには申しわけなかった。

永瀬さんが寝不足で疲れているのを察したのだろうか。オーラは鳴いて起こそうとはせず、一人でケージのいちばん端っこに行き、用を足していたのだ。委託式からまだ四日しか経っていなかったが、永瀬さんとオーラはもう心が通いはじめているようだった。

「オーラの寝息を聞いてるだけで、心が安らかになるんです。イライラが溶けていくっていうか……この子はほんとにすごい力を持ってますよ」

彼はそう言って、いとおしそうにオーラの頭を撫《な》でた。

一方、ナーブはといえば、かまってもらえないときはしきりにケージに敷いてある新聞紙やペットシーツを嚙《か》みちぎって食べようとし、高木さんを困らせていた。だが、ナーブと高木さんの間にもすでに絆《きずな》が生まれつつあるようだった。

◆四月二一日(ナーブのパピーウォーカー手帳)

おもちゃをくわえてはひざの上に持ってきて、ひざに乗って遊んだりします。ナーブと名前を呼んだらおもちゃを持ってちゃんと帰ってくるので、おおいにほめてあげます。人のそばが安心するという意味合いだと思うので、私はよいことだと思っています。

このころの皆の目標は、パピーたちにまず自分の名前を覚えてもらうこと。ユニットには「オーラ!」「ナッシュ〜」「ナーブ!」と呼びかける訓練生の声が響いた。名前を呼んだパピーが振り返って自分のほうに走ってこようものなら、みんな顔をくしゃくしゃにして喜んだ。

そうこうするうちに二週間のトライアル期間は無事に過ぎ、任命式がおこなわれることになった。人間にとっての二週間は、犬にとっては約三か月に匹敵《ひってき》する。委託式のころは

ナッシュと遊ぶ訓練生

まだ「ワン、ツー」に合わせて排泄できなかったパピーたちが、いまではトイレサークルに入れて声をかければほぼすんなりできるようになった。訓練室でも、まえは三頭いっしょに一つのケージ内でくっつき合って寝ていたのが、いまではそれぞれのケージを与えられ、訓練生がそばを離れても鳴くことはなくなった。わずか二週間のうちにこれほど成長することに驚かされる。

四月二七日の任命式には日本盲導犬協会の寺山専務理事(当時)が来庁。彼はその朝摘《つ》んだ四つ葉のクローバーをたずさえてきた。

「四つ葉のクローバーには、その葉の一つひとつに意味があるんですよ。その意味というのは、『誠実』『希望』『愛』『幸福』です。私には、盲導犬はまさに四つ葉のクローバーそのものを表しているように思えるのです。皆さんにも、ぜひこの子犬たちといっしょにそれを探し求め、見つけてほしい」

寺山さんは、「これはオーラですよ」「これはナーブですよ」、そう言いながら、主担当の訓練生に一枚ずつ任命状と四つ葉のクローバーを手わたした。

「本の間にはさんで、押し花にしようと思います」

高木さんは、四つ葉のクローバーをそっと任命状の上に載せ、大切そうに自室に持ち帰った。

このころはまだワクチン接種が終わっていなかったため、パピーたちは足を地面につけないよう、どこに行くにも人に抱っこされて移動していた。外の運動場では、大きな青のビニールシートを地面に敷き、そこでパピーたちを遊ばせた。永瀬さんがタオルを口にくわえ、自分も四つん這《ば》いになってオーラを呼ぶ。夢中になってタオルに飛びかかり、いっしょうけんめい引っ張るオーラ。二人が引っ張り合いっこする様子があまりにおかしくて、みんなお腹を抱えて笑ってしまった。

ふと見ると、いつのまにかビニールシートの上には訓練生たちが車座に座り、代わるがわるパピーを抱っこしている。犬たちを中心に人の輪ができ、そこではみんなが笑顔になっている。あらためて、人と人を結びつけ、心を開かせる犬の力を感じた。

ウィークエンド・パピーウォーカー

訓練生たちと連携し、ともにパピーを育てるのは、地域のボランティアであるウィークエンド・パピーウォーカーだ。刑務所の中ではどうしても経験することのできないこと――車に乗ったり、町の中を歩いたり、海や川に行ったりすることなど――を子犬たちに体験させ、盲導犬になるために必要な社会化をすすめる重要な役割を担う。

第一期では、地元旭町、浜田市、そして広島市の三家族がウィークエンド・パピーウォーカーを引き受けてくれた。一般のパピーウォーカーの条件は、車を持っていること(犬を車に慣らす必要があるため)、室内飼育ができること(盲導犬はユーザーと室内で生活するため)、留守にする時間が少ないこと、ほかに犬がいないこと、月一回のレクチャーに参加できることなどだが、ウィークエンド・パピーウォーカーの場合は、週末だけ犬とともに過ごす時間を確保できればいいので、フルタイムの仕事を持つ忙しい人でも可能だ。

それぞれの家族に、なぜウィークエンド・パピーウォーカーを引き受けてみようと思ったのか聞いてみた。

ナーブを託された旭町の一家は、祖父と両親に一〇代の息子二人の五人家族。二年前に愛犬を亡くし、また犬と暮らしたいと思っていたこと、中学生の次男が盲導犬訓練士にあこがれていたことに加え、島根あさひセンターの地元である旭町の住民として、何か自分たちにできることをしたいという思いもあったという。

オーラを預かることになった浜田市の一家の場合は、祖父母、両親、三〇代の息子の五人家族。新聞に載っていたウィークエンド・パピーウォーカー募集の記事を読み、当時定年になったばかりの両親がやってみようと提案した。犬と暮らすことは息子さんの子ども時代からの希望だったことや、家族みんなで子犬の世話をすることで、お互いの会話が増えるのではないかという期待もあったそうだ。

いちばん遠方の広島から参加したのは、両親と娘の三人家族で、猫も二匹いた。両親ともフルタイムの仕事を持ち、娘さんは昼間中学校に行っているので、週末だけというのが好都合だった。彼らが応募した理由は二つある。一つは、パピーウォーカーのボランティアをするのはお母さんの長年の夢だったこと。もう一つの理由は、娘さんのためだった。

児童養護施設で育ち、一〇歳のときからこの家族の里子として暮らしている娘さんに、命あるものをケアする経験をしてほしかったのだ。この一家にはナッシュが託された。

塀の中にいる訓練生たちとウィークエンド・パピーウォーカーは、パピーウォーカー手帳という唯一の連絡手段をとおしてともにパピーを育てることになった。だが、最初はお互いに遠慮やとまどいがあったようだ。訓練生たちには、週末パピーたちがいないさびしさだけでなく、パピーたちをどこでも自由に連れていけるウィークエンド・パピーウォーカーへの羨望《せんぼう》もあった。

「オーラがいなくなると、たしかに部屋は広くなるんですけど、なんかポッカリ穴が空いたみたいで……」と永瀬さんはさびしそうに言う。

「今日から週末、オーラはあっさり行ってしまった……」「月曜日にオーラが帰ってくるまで、長いなあ……早く時間が経つといいのに」「オーラがまたいなくなる……さびしい」

彼の日記には、オーラを送り出すときの切ない気持ちが毎週のように書かれていた。

一方、ウィークエンド・パピーウォーカーのほうにも、訓練生と協力してパピーを育てることに、最初は漠然《ばくぜん》とした不安があったようだ。オーラを預かった浜田の一家の息子、俊介さんは、正直な気持ちを松本訓練士に話した。

「週末が終わって刑務所に返すとき、つぎの金曜日の夜に会うときオーラは僕のことを覚えてるだろうか、って心配になるんですよね……。家と刑務所を行ったり来たりする生活って、オーラにとって負担じゃないんでしょうか？」

「犬たちはこういうものだと思って適応するから、行ったり来たりするのが負担ということはないと思いますよ。とくにオーラは神奈川からはるばる島根に来たときも体調を崩さなかったし、相当タフですからねぇ」

「そうですか……。でも、夜はちゃんと寝てるんだろうか、ちゃんと遊んでもらってるんだろうかとか、いろんなことが気になっちゃって……」

俊介さんは、ちょっとためらいながら、率直な質問をぶつけた。

「松本さん、あそこの中でこわいって思ったことはないですか？　みんな同じ人間だけど、やっぱり罪を犯して入ってるわけだから……」

松本さんはちょっと考えて、まっすぐ俊介さんの目を見た。

「たしかに僕も、訓練生がちゃんとこちらの指示を守ってくれるのかなー、もし守ってくれなかったらどうしようって、最初そういう心配はしましたよ。でも、みんなすごくちゃんとやってくれてます。自分のペットじゃなくて、盲導犬のパピーを育ててるっていう意識があるみたいで」

このプログラムの担当に決まったと知らされたとき、松本さんが何よりまず感じたのは「光栄」だったという。受刑者を相手にすることへの抵抗感はまったくなかった。

「むしろ、そういう人たちに対して自分が何かできたらすばらしいな、と思いました。刑務所みたいなところで、明るさというか、前向きになれる何かを提供できたらなあ、と」

実際、松本さんの訓練生への接し方はとても自然で、相手を犯罪者という色めがねで見るのではなく、一人の人間として見ようという姿勢がはっきり伝わってきた。日本盲導犬協会の職員は、訓練生がなぜここにいるのかはいっさい聞かない。パピーウォーカーが受刑者であるかどうかは関係ない、ちゃんとパピーを育ててくれればそれでいい、と考えるからだ。協会職員がそのようなスタンスでいることは、お互いの信頼関係を結ぶうえでとても重要だと思う。

パピーが結ぶ絆

五月一三日、ワクチン接種が済んだので、いよいよパピーを外の運動場で歩かせていいことになった。いちばん成長の早いナッシュはすでに体重八キロを超えている。運動場まで抱っこしていくのは大変だったので、やっとパピーが自分の足で歩いていけることになって、皆喜んだ。各班がそれぞれ週ごとに取り組む「今週のテーマ」は、どの班もさっそく「リード歩行」に決める。つまり、パピーたちがリードを付けた状態で、人間と歩調を合わせて歩けるようになることが目標だ。

ところが、生まれて初めて地面に足をつけて歩いたパピーたちには、人間以外に気になるものがたくさんありすぎた。

砂や石を食べまくり、リード歩行どころではありませんでした。（ナーブ）

人の左側を歩くどころじゃなく、目に見えるものすべてが気になって、そっちへウロウロ、こっちへウロウロウロ、石を食べたり、草を食べたり。(オーラ)

オーラは人の手などを遊びで噛《か》む「甘噛《あまが》み」もひどくなり、永瀬さんを手こずらせていた。

「これ見てくださいよ」と袖をまくると、永瀬さんの腕《うで》は絆創膏《ばんそうこう》だらけ。

「遊んでいてテンションが上がると、ガブッと来るんです。オーラにしてみれば遊びに夢中で、悪気はないんでしょうけど……。これって大人になると直るんですかね？ 子どものうちだけだといいんですけどねー」と心配そうに言う。

やんちゃ全開のオーラに振りまわされていたのは、ウィークエンド・パピーウォーカーのほうも同じだった。オーラを預かる俊介さん宅を訪ねると、お茶の間のテーブルの脚《あし》、食器棚の角、床と壁のあいだの縁《ふち》どりなど、およそ木でできているものはすべてオーラにかじられていた。

「人に飛びつくわ、甘噛みはするわで、もう祖父母の手には負えなくなりましたよ」

運動場で訓練生を見上げるオーラ

俊介さんはこう話し、ため息をついた。だがその一方で、オーラへの愛情も日増しに強くなっていると、相好《そうごう》を崩す。

「うちの母なんか、盲導犬になってもらいたいと願う反面、うちの子になってほしいという思いもあって、複雑みたいです。僕もそうかなあ。だんだん手放したくなくなってきてしまって……」

実際、オーラはほんとうにかわいかった。ずばぬけてやんちゃではあるが、いけないことをしているときは自分でもちゃんとわかっていて、上目遣《うわめづか》いでこちらの顔を見る。そして、テーブルの脚をかじっている現場をおさえられたりすると、何ごともなかったかのようにそそくさとケージの中に入り、おとなしく寝るふりをするのだ。こっちはすべてお見通しなのに、オーラなりに知恵をしぼるその様子はなんともおかしくて、笑わずにはいられなかった。

そんないたずらっ子のオーラへの掛け値なしの愛情は、しだいに人びとの心の中の塀を低くしつつあった。塀の内と外に分かれてはいても、苦労をともにする者どうしならではの連帯感が芽生え始めたのだ。それまでは「何時何分に便通あり」「今日はあまり食欲がなかった」などの単なる記録の羅列《られつ》だったパピーウォーカー手帳が、ゴールデンウィークが明けたあたりから、お互いへの思いやりのこもったやりとりに変わっていくのがわかった。

ゴールデンウィーク中ずっとオーラを預かった俊介さんは、初めて訓練生に向けて直接メッセージを書いた。

長いようでとっても早かった一〇日間、オーラはとっても大きくなった気がします。今週も元気に過ごしてください。では、また週末までよろしくお願いします。

自分たちへの気遣《きづか》いが感じられるメッセージがうれしくて、永瀬さんも心をこめて返事を書いた。

WPW（ウィークエンド・パピーウォーカー）さん、長い間大変でしたね。でもきっとうれしく楽しい大変さでしょうね。（中略）力を合わせてオーラが幸せな生涯を送れる

パピーウォーカー手帳に記入する訓練生

ようがんばりましょう！　どうかよろしくお願いします。

その後も、俊介さんが「オーラが散歩中にやたら石や砂を食べて困ってるんです……」と書くと、訓練生のほうから、「こちらではグラウンドではハンカチをくわえさせて歩いています。しばらくは喜んで、走ったり歩いたりしますよ」とアドバイス。お互いに知恵を出し合って、オーラの困った行動をどう改善するかいっしょに考えるようになった。

五月中旬。オーラはこのところ下痢や嘔吐《おうと》が続いていた。永瀬さんが心配そうに言う。

「昨日の深夜、急に苦しそうに、毛布の上に吐いたんです。そのあとも夜中に何度も鳴いて、『ワン、ツー』かと思うとしなくて、ただしんどそうな声を出してるだけで……。このところ下痢はするし、おしっこの色がちょっと赤みがかってたりしてるし、心配しっぱなしですわ」

オーラが苦しそうにしている間、永瀬さんは気になって一睡《いっすい》もできなかったらしい。パピーたちの体調の変化に一喜《いっき》一憂《いちゆう》する訓練生たちに、松本さんは言った。

「よく観察してもらうのはありがたいですけど、子犬のころの体調の多少の変化は一過性のものが多いですから、あんまり神経質にならなくて大丈夫ですよ」
その言葉どおり、翌日のオーラの便通・排尿はともに正常だった。永瀬さんはようやく安心し、俊介さんに申し送りをした。

いつもの元気なオーラにもどりました。昨夜までの心配は何だったんだろうと思うぐらい元気です。ヤンチャでイタズラなオーラの姿で、WPWさんのところへ行けて、ホッとしています。

俊介さんからは、「オーラは元気いっぱいです。あいかわらず手にかみついて、やんちゃで困ったものです」と返ってきた。
二つの家族九人の親に見守られるオーラ。盲導犬とは、ほんとうにおおぜいの人から愛情を受けて育つものなのだ。

成長の日々

六月に入り、階段歩行にチャレンジすることになった。これまで階段だけはパピーたちを抱っこして昇り下りしていたのだ。だが、いちばん小さなオーラでも九キロを超え、ナッシュは一一キロ、ナーブはすでに一二キロを超えている。パピーたちが自分で階段を昇り下りできるようになったらどんなに楽だろう。

初めて階段のところに連れていき、昇るようにうながすと、ナッシュとナーブは難なくクリア。あたりまえのように軽々と昇っていった。ところが、オーラは階段の前で凍《こお》りついたように動けなくなってしまう。

◆六月二日（オーラのパピーウォーカー手帳）

いろんな手を使ってみたが、階段の手前一メートルぐらいのところからこわがって動きません。何か異常なこわがりように思えます。二段目ぐらいまで抱っこしていってもふるえています。何かトラウマになっているのでしょうか……？

翌日もそんな状態が続き、永瀬さんたちは首をひねった。いったいなぜオーラはそんなに階段がこわいのか。

だが、六月四日、オーラはおっかなびっくりだが、一段だけ昇ることができた。その日のパピーウォーカー手帳には、強調マークがぎっしり並ぶ。

初めて階段を一段だけ昇った!!! 大進歩!!

そして、六月八日は記念すべき「オーラが階段を昇った日」となった。

今日は階段を昇った!! 下りるのはまだこわいようでダメだが、ともかく初めて上まで昇った!! よくやった!!

オーラのパピーウォーカー手帳からは、初めてわが子が自分の足で歩く姿を見た父親のような喜びがほとばしってくる。

その後だんだんとわかってきたのだが、オーラはじつは大変なこわがりだった。足もとが少しでもいつもとちがうと、こわくて尻込みしてしまう。ちびっ子ギャングのようなやんちゃ坊主のオーラにそんな一面があったのは意外だった。

オーラより半月ほど年上のナッシュとナーブも、生後四か月を過ぎ、それぞれの個性が見えてきていた。ナーブは運動場で砂や石を食べるのは減り、夜に鳴いて起こすこともなくなったのであまり手がかからなくなったが、別の問題が出てきたのだ。

おもちゃや、おもちゃの音には非常に興味を示すのですが、人間に対してはあまり興味を持ってくれません。
最近リード歩行時にやたらと抵抗するようになり、日に日に手強くなっています……。自分が納得しなければ動こうとしません。べたっと伏せてしまう！
（ナーブのパピーウォーカー手帳より）

盲導犬は、人といるのが何より好きな犬でなければ務まらない。おもちゃより人のほうに意識が向くようにしないと、盲導犬になれなくなってしまうかも——。

危機感を持った高木さんたちのB班は、「人間主導の楽しい遊び」をテーマに取り組むことにする。

ナッシュのほうは、リード歩行が上手にできるようになり、「いっしょに歩いていて、ほんとうに気持ちがいい！」と訓練生たちが口をそろえて言うまでになった。だが、同時に要求吠えもするようになった。ケージに入れるとワンワン吠《ほ》え、出してやると静かになる。

「自我が出てきてるんでしょうね。でも、犬の言いなりになっちゃだめですよ」

松本さんはそう言って、運動時間に思いきり遊んでナッシュのエネルギーを発散させるように指示。するとナッシュは、昼間の作業中はとりあえず静かに寝るようになった。

そうこうするうちに、ナーブのほうは乳歯が抜け始め、少しずつ落ちついてきた。

階段を昇るナーブ

リード歩行の練習をするナーブ

おもちゃを投げたら、持って帰ってくれました！　居室に戻るときも、首輪を引かなくても、私のうしろについいて戻ってくれました。

高木さんが書いたパピーウォーカー手帳には喜びがにじみ出ている。

人がかくれて名前を呼ぶ「かくれんぼ」をすると、楽しそうにそばまで来ます。集中力、反応ともとてもよく、B班一同非常に満足です。

つい一か月ほど前は人に興味を示さず、おもちゃにばかり執着《しゅうちゃく》していたことを思うと、めざましい変化だ。パピーたちの成長はなんて早いのだろう。

七月七日の七夕の日、訓練生たちは短冊に願いごとを書いた。

「パピーたちが盲導犬になれますように」

いまはどんなにやんちゃでも、いずれは成長して人を助ける犬になってほしい。短冊には皆のそんな思いが込められていた。

コラム②　島根あさひ社会復帰促進センターの教育プログラムと職業訓練

島根あさひセンターでは、再犯率低下のための教育にとくに力を入れている。教育プログラムにたずさわるのは、藤岡淳子教授（大阪大学大学院人間科学研究科）のスーパーヴィジョンのもと、臨床心理士やソーシャルワーカーなど専門性の高いスタッフたち。そしてプログラムの三本柱となっているのは、どれも再犯率低下に効果があることがすでに欧米で実証されているアプローチだ。

①訓練生どうしが互いに支えあい、学びあいながら、自身の回復と成長をめざす**「治療共同体」**（島根あさひセンターでは**「回復共同体」**と呼ぶ）。

②自分のものとらえ方（認知）にあるゆがみや犯罪にいたる行動のサイクルに気づかせ、そのサイクルから脱する力をつけさせる**「認知行動療法」**。

③自分が犯した罪と向きあい、被害者への説明責任、再犯しない責任、謝罪と償《つぐな》いへの責任を自分なりにどう果たしていくか考えさせる**「修復的司法」**。

島根あさひセンターでは、訓練生が入所してから出所するまでをⅠ期からⅤ期に分けている。

最初のⅠ期では「変化への扉」と呼ばれる新入時教育をおこない、受刑生活を自分自身の変化や成長の機会ととらえるよう動機づける。

Ⅱ期では、問題行動を変えるための認知行動療法の考え方の基本を教えるとともに、被害者の立場に立って事件を見つめなおし、償いや責任の取り方について考えさせることに焦点を置く。

Ⅲ期では、アルコール依存、薬物依存、性暴力、ソーシャルスキルの乏しさなど、それぞれの訓練生の問題に焦点をあてた各種プログラムをおこなう。

Ⅳ期は、就労支援などで出所後の生活の見通しを立てるとともに、放置自転車の修理などの社会貢献作業に取り組んだり、地域の人びととの交流をとおして社会復帰への心の準備をする。

そして最後のⅤ期、仮釈放の二週間前（満期出所の場合は三日前）になると、「釈放前指導」がおこなわれることになっている。

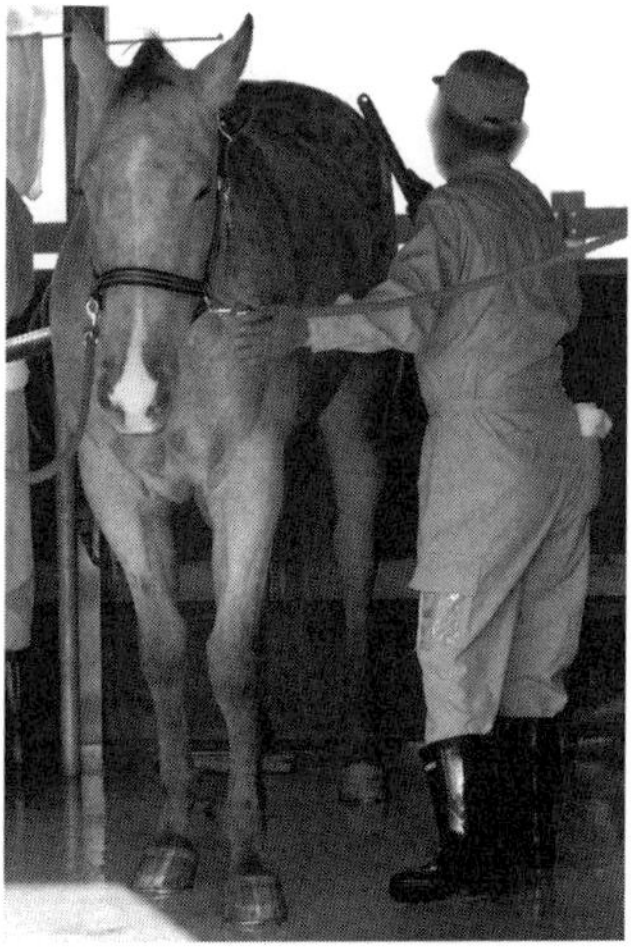

馬をグルーミングする

〈ユニークな教育プログラム〉

ホースプログラム

　一部の訓練生を対象におこなわれる「ホースプログラム」。体重五〇〇キロもの大型動物である馬とのかかわりをとおして力に頼らない関係構築を学ぶとともに、人の心を映す鏡といわれる馬の鋭敏な感性を生かしたＥＡＰ（Equine Assisted Psychotherapy ＝馬を介在した心理療法）を取り入れている。

　ＥＡＰでは、馬にバーをまたがせる、馬を特定の場所に連れていくなど、与えられたさまざまな課題に取り組む過程で、馬の反応をとおしてこれまで意識しなかった自分の行動パターンに本人が気づくよううながしていく。ＥＡＰは欧米ではさかんにおこなわれているが、日本ではおそらく島根あさひセンターの試みが唯一であるだけに、今後の発展と成果が楽しみである。

回復共同体プログラム

あきらかに再犯率の低下に貢献するものとして注目されるのが、「回復共同体プログラム」(以下、ＴＣと呼ぶ)。ここでは五八名定員のユニットを「ＴＣユニット」とし、ユニット全体を成長のための「共同体」と位置づける。そして、六か月から一年半以上にわたり、参加者どうしの話しあい、わかちあいをとおして自らをふり返り、よりよく社会に適応できる考え方や行動ができるようになることをめざして、週一〇時間以上の濃密な教育を受ける。参加するのは、本人が希望している、六か月以上受講できる、原則ＩＱ七〇以上、精神疾患がないなどの条件を満たした訓練生。プログラムが始まった二〇〇九年二月から二〇一四年一〇月末までに、一八五名が修了し、一五四名はすでに出所している。

二〇一三年八月におこなわれた「島根あさひ社会復帰促進センター開所5周年記念フォーラム」での報告によると、ＴＣ参加者の再入率は三・二パーセントで、島根あさひセンター全体の再入率一〇・六パーセントに比べてかなり低い。その人が変わろうとする決意をうながし、仲間どうしが支えあいながら社会復帰をめざすTCというアプローチの有効性がうかがえる。

自転車再生プログラム

これは、東京都豊島区で撤去された放置自転車を点検整備し、母子保健や家族計画を専門とする国際NGOのジョイセフをとおして第三世界の国々に寄付するというプログラムで、島根あさひセンター独自のもの。具体的な作業は、さび落とし、古くなったタイヤの交換、部品交換など。日本郵船グループの協力によってアジアやアフリカ各国の港に送られた自転車は、その後、母子保健にかかわる医療機関や団体に寄付され、保健師やフィールドワーカーの足として、また妊婦を緊急搬送するときの救急車代わりとして活躍する。

ガソリン代がかかり、交換部品が手に入りにくい車より現地で重宝されるのは、じつは自転車だ。二〇一四年一一月の時点で、これまでに八五二台をカンボジア、アフガニスタン、リベリアなどの国々に寄贈している。

〈さまざまな職業訓練〉

一般の刑務所では、わずかな数の受刑者しか職業訓練を受けることができない(平成二四年版犯罪白書によると、平成二三年度の一日平均収容人員六万二四三二人に対し、職業訓練定員は四五五九人。つまり七・三パーセント)。けれども、PFI刑務所では全員が受けられる。

島根あさひセンターの場合、商取引・簿記などビジネス関連の基礎知識や、初歩的なITスキルを習得する「PC基礎」などは、基礎科目として受刑者全員が受講することになっている。そして、基礎科目を修了したあとは、それぞれの希望や適性によって、「ホームヘルパー(介護)」「医療事務」「デジタルコンテンツ」「パン職人養成」「理容師養成」「農業科」などの専門コースを選ぶことができる。

もう一つ、地域との共生を理念にかかげる島根あさひセンターならではの取り組みとして紹介しておきたいのが、身体・知的・精神障害のある訓練生への職業訓練プログラムだ。島根あさひセンターには「特化ユニット」といって、障害のある訓練生を収容する定員三〇名のユニットがある。そこでは、地元の伝統芸能である神楽《かぐら》のお面づくりや、伝統工芸品である石州和紙や石見《いわみ》焼きの陶器づくりなどを、地元の福祉会や和紙工房、窯元《かまもと》の協力を得て実施しているのである。また、地元農家の指導を受けながら、ハウスでのバラの水耕栽培もおこなっている。

神楽のお面づくり

第3章

夏　刑務所で犬を育てるということ

三か月めの危機

七月半ば。まだ梅雨も明けていないというのに、すでに人も犬もぐったりする蒸し暑さだ。島根あさひセンターの中には冷房などないので、パピーレクチャーの間、犬たちは少しでも涼《りょう》を取ろうと床にぺったり寝そべっている。訓練生たちのユニフォームも、半袖・短パンに変わっている。

パピーたちは、ほぼ五か月齢になった。体重も一五キロを超え、一番大きなナーブは一七キロに近づいていた。

オーラはこのところ排泄の失敗が続き、A班の訓練生たちに手を焼かせている。トイレサークルに入れてもまったくそぶりを見せないのに、移動が始まると用を足す。それも、おしっこではなく、ウンチである。運動場への移動途中の廊下や、運動場、点訳の訓練室でもしてしまう。他の二頭はとうに排泄の失敗をすることはなくなっていたので、永瀬さんとしては「なんでうちの子だけが?」と肩身の狭い思いをしていた。

運動場のオーラ

おもちゃを噛むナッシュ

そんなところに、こともあろうに「オーラは番犬以下のバカ犬だね〜」とからかった人がいた。言った本人は冗談のつもりだったかもしれないが、永瀬さんにはグサリと来た。だが、刑務所の中では口論《こうろん》も喧嘩《けんか》も許されない。カッとなって手を出しでもしたら、自分が懲罰《ちょうばつ》を受けることになり、パピーユニットから外されてしまう。オーラのためにもじっとがまんするほかなかった。

ナッシュのほうは、夜ケージに入れるとワンワン吠えるようになり、泊まり担当の訓練生を悩ませる日々が続いている。ケージを開けてやると、涼しい場所に移動してしばらく寝るのだが、ケージに戻そうとするとまた鳴く。夜間静まり返ったホールに大きな犬の鳴き声が響きわたると、みんな起こされてしまう。そんなことを一晩に何度もくり返すので、泊まり担当だけでなく周りの者もろくろく眠れず、みんなふらふらになっていた。

この時期、ナーブだけはとくに何事もなく順調だったが、高木さんは力が強くなったナーブにいきなりリードを引っ張られ、腰を痛めてしまった。体をかがめたり、立ち上がったりするのが、とてもつらそうだ。運動時間はもっぱら、副担当の訓練生がナーブを走らせている。

レクチャーでのナーブ

刑務所というところは、基本的には自分のことさえきちんとしていればいい場所である。だが、6Cでは常に子犬たちの体調や挙動をつぶさに見守って健康管理に気を配り、どうすれば望ましくない行動を防げるか考えなければならない。そんな生活について、なかには「正直疲れます」と本音《ほんね》を漏《も》らす人もいた。だが、一方で、「自分以外の誰かのために、こんなにいっしょうけんめいになったことがあっただろうか」。

そんな思いで日々奮闘していた人たちもまたいたのである。

プログラムがスタートしてから三か月ちょっと。課題は山あり谷ありのパピー育成だけでなかった。初めてパピーが来たときの感動と興奮の余波が消えたこの時期、「刑務所で犬を育てる」ことのむずかしさが浮かび上がってきていた。

島根あさひセンターでは、毎週二回多目的ホールで「ユニットミーティング」がおこなわれ、生活上のさまざまな問題を話し合ったり、テーマを決めて各人が発表をしたりする。これはおおぜいの前で自分の考えをまとめて話すことでコミュニケーションスキルを培《つちか》う貴重な場で、一般の刑務所にはない島根あさひセンター独自の取り組みだ。だが、一年目の6Cユニットでは、毎回のように訓練生から不満や批判が噴出《ふんしゅつ》していた。

「パピーと遊んでいると、刑務所で楽しそうにするのはふまじめだと怒られる。訓練士さんに指示されたとおりにやってるのに……」

「6Cはパピーがいるから甘くていいなーと言われるのは心外。いっしょうけんめいやってるのに、くやしい」

「パピーの備品が入ったロッカーが閉まっていたので、開けてもらおうと思って呼び出しボタンを押したら、(夜間の担当者から)いきなり『なんだ！』とどなられた。こんなことでは、もし夜中にパピーが急病になったりしても、対応してもらえないんじゃないかと不安です……」

日本の刑務所は厳しい規律のもとに、時間厳守で整然と運営されている。そこに子犬という必ずしも人間の思いどおりには動いてくれない不確定要素が入ることによって、ある程度の摩擦《まさつ》が生じることは避けられないだろうと思っていた。日本よりはるかに自由度の高いアメリカの刑務所での犬の訓練プログラムでも、まず優先されるのは当然ながら刑務所のセキュリティだ。

だが、訓練生が「楽しく」パピーと接することにまでクレームがつくとは、さすがに私も予想していなかった。従来の刑務所の運営に慣れている刑務官がパピープログラムに違和感を抱くこと自体は理解できるし、加害者がパピーと遊ぶ姿に抵抗を感じる被害者もいるだろう。訓練生のなかにも、加害者である自分が楽しむことが許されるのだろうか、と悩む人がいたのは事実だ。

だが、パピーウォーカーのもっとも大切な役割は、犬が人を信頼し、目の不自由な人と行動をともにすることを「楽しい」と思えるように育てることである。訓練生たちは、その役割を誠実にまっとうすることによってはじめて、自分たちが傷つけた社会に少しでも何かを還元することができる。そのためには、訓練士から指導されているとおり、「まず自分が楽しみ、それを全身で表現する」必要があるのだが、実際にそうすると注意されるのでは、どうやってパピーウォーカーの務めをはたせばいいのか、訓練生でなくても頭を抱えてしまうだろう。

このような施設側の矛盾した対応は、じつはほとんど夜間に起こっていた。日中ユニットを担当する望月刑務官や彼の上司たちは皆プログラムを全面的にサポートしてくれていた。だが、問題はそれがすべての職員に共有されていなかったことだった。人によって対応が違うことが訓練生を混乱させ、不満に拍車をかけていた。

「夜間もパピーがいっしょにいるわけですが、そのときの様子がどうなのかまではわからない。できるなら自分もいっしょに泊まってみたかったですね……」と、望月刑務官は当時をふり返って言う。

「パピーに対してしてやらなければならないことと、規律の維持。刑務所では、そのバランスをどう取るかがむずかしいところで……」

刑務所のルールとパピーウォーキングの不協和音《ふきょうわおん》は、二年目以降パピープログラムについての職員研修がおこなわれるようになったこと、日本盲導犬協会の職員が毎日午前中パピーたちを運動に連れ出すなどの工夫が始まったこともあり、年々小さくなりつつある。

それでも、刑務所の中で犬を育てるというプログラムを続けるかぎり、これは今後もずっと向きあっていかなければならない課題だろう。なにしろアメリカで三〇年以上の歴史を持つワシントン州の女子刑務所のプログラムや二〇年続いているオレゴン州の少年刑務所のプログラムでさえ、スタッフは口をそろえて言うのである。

「刑務所はそもそも犬を育てることを想定して作られているわけではないので、どんなに実績のあるプログラムでも、意識していないとどんどん活動が制限されてしまいます。常に施設側とよいコミュニケーションを保つことが大事です」

島根あさひセンターのプログラムがお手本にするニューヨークの団体PBBの代表者は、「週末が終わって犬たちが刑務所に帰るときの様子をよく見るように」とアドバイスをくれた。つまり、いやいや帰っていくならば、刑務所は帰りたくない場所。うれしそうに帰るならば、帰りたい場所、ということになる。幸い、いまのところ、パピーたちはうれしそうに尻尾を振って帰っていくが、尻尾の振り方が弱くなったら危険信号、ということだ。

犬は人間の感情を受けとめ、同調しようとする動物である。盲導犬として人のために働く犬を育てるためには、人びとの間に緊張や敵意ではなく、思いやりや共感が感じられるような環境をつくっていくことが大切だ。パピーたちが帰っていきたいと思うような環境は、そこで暮らす人びとにとってもよりよい環境にちがいない。

一期目の話に戻ろう。当時、訓練生の話を聞いたり、書いたものを読むうちに、私が何より心配になったのは、彼らの一部に「しょせん自分たちにはどうすることもできない」という一種のあきらめが広がりつつあることだった。たしかに刑務所のシステムを一朝一夕に変えることはできない。が、施設側の対応にいらだち、不満をぶつけているうちはまだましで、やる気を失うことのほうがもっと気がかりだった。刑務所という制約の多い環境のなかでもできるかぎりベストをつくそうと思うのと、ここは刑務所なのだからいくらがんばっても無駄である、とあきらめてしまうのとでは雲泥《うんでい》の差《さ》だ。パピープログラムは一つの山にさしかかっているのではないか……そんな危機感が、じわじわと湧《わ》いてきた。

一人いなくなった

八月。長かった梅雨がようやく明け、本格的な夏が到来した。体に染みてきそうなほどのミンミンゼミのコーラスと、まぶしいほどのみどり。旭町の豊かな自然にかこまれた島根あさひセンターでは、クワガタムシやカブトムシが訓練生たちの居室の窓に飛んでくることもあるという。盲導犬訓練センターの周辺でも、見事なトノサマバッタを見かけるこ

夏の運動場でのナーブ、オーラ、ナッシュ

冷たいタオルで体をふいてもらうナーブ

とがあった。このあたりの風景は、なつかしい子ども時代の夏休みを思い出させる。

だが、塀の中では残念なことが起こっていた。オーラ班のメンバーが一人抜けたのだ。6Cには点訳を学びたくて来た、というAさんは、なかなか周囲の人たちに溶け込めず、そのせいなのか「自分は犬アレルギーだし、犬は嫌いだ」と言い出していた。実際、軽いアトピーの症状もあったようだ。本人に直接聞いたわけではないのでほんとうのところはわからないが、ユニットの中でも浮いた存在だった彼は、だんだんと居づらくなっていた。そんなところに誰かと口論になり、売り言葉に買い言葉で「ほな出ていくわ」と言ってしまったらしい。Aさんは他のユニットに配置換えとなった。

仲間が一人いなくなったことを、他の訓練生たちはどう受け止めたのだろうか。

自分の班のメンバーが一人減ったわけだが、主担当の永瀬さんはまったく淡々としていた。

「いやだっていう人に押しつけるわけにはいきませんからねえ。残った三人でがんばりますわ」

ほかの大多数の訓練生の反応も、「しかたない」「むしろよかったんじゃないか」。ここは犬を育てるユニットなのだから、犬が嫌いな人はそもそも来るべきでない、と口をそろえる。

だが、どうしてもっと話をして、Aさんの気持ちを聞かなかったのかと後悔した人もいた。「出ていってくれて、やれやれ」と言った人たちに、「これまでいっしょにやってきた五か月間は何だったんだ！」と怒った人もいた。

子犬たちの存在が人の心を和《なご》ませ、争いを減らす力があるのはたしかだと思う。だが、それだけですべての人間関係がうまく行くわけではない。パピー育成という共通目標を持ったユニットの中では、みんなと同じ方向を向けない人が集団のなかで孤立してしまうこともあるのだ。Aさんがほんとうに犬嫌いだったのかどうか、今となっては確かめようもないが、周囲から疎外《そがい》されていると感じるうちに、「嫌い」という感情が膨らんでいったとも考えられる。6Cは他のユニットに比べればずっと円満だったとはいえ、主流から外れた人を受け入れることまではできなかったのが残念だった。

同時に、プログラムを運営する側は、参加する訓練生の選定についてあらためて考えさせられることにもなった。6Cは点訳の職業訓練をおこなうユニットであるため、「犬にはあまり興味がないが、点訳は学びたい」という人が来る可能性も当然ある。パピー育成と点訳。このどちらにも意欲を持って取り組める訓練生を見きわめ、選抜しなければならないのである。

いずれにしても、Aさんが去ったあとには、なんともいえない後味《あとあじ》の悪さが残った。

点訳という社会貢献

Aさんは残念ながらいなくなってしまったが、6Cの社会貢献プログラムは盲導犬パピー育成と点訳との両輪で回っている。実際、点訳を学ぶことで、多くの訓練生が未知の世界に目を開かれ、新たな学びへの意欲をかきたてられているのを実感する。

なかでも、ナッシュ班の四〇代の訓練生Bさんにとっては、「生まれて初めて学ぶ喜びに目覚めた」というほど大きな体験となった。勉強は大嫌いで、自分は頭が悪いと思い込んでいたBさんだったが、点字を理解できるようになるにつれ、もっと学びたいと意欲が湧いたのだ。点字を学ぶには文章を理解する力や国文法の知識などの国語力が必要で、中

ピンを組み合わせて点字を作る

学のころからほとんど学校に行っていなかったBさんには、かなり荷が重かった。それが、自分から辞書を引いて知らない言葉を調べるようになり、わからないところはどんどん全視情協の指導員に質問するようになる。

「指導員さんにもわからない言葉があると、家に帰って調べてきてくれました。そこまでしてくれるのが嬉しかったですねー。いまは辞書を引くのが趣味になったんで、作業報奨金(コラム④参照)がたまったら、自分の辞書を買いたいんです」

彼は子どものように屈託《くったく》のない笑みを浮かべ、そう話した。

全視情協の指導員たちは、訓練生の名前をすべて覚え、必ず「○○さん」と、さん付けで呼ぶ。受刑者としてではなく、一人の人間として接すること、また、学ぼうとする意欲を持続できるように、一人ひとりのレベルに合わせた指導をすることを心がけている。このきめ細かな指導がなければ、Bさんのように勉強に不慣れだった人にはとてもついていけなかっただろう。

視覚障害者に情報を提供する点訳実習をとおし、自分たちも訓練生といっしょに社会貢献をしている——指導員たちには、そんな自負がある。そして、訓練生に対しては、ここでの社会貢献活動が心の成長につながり、出所してから実際に点訳の仕事をすることはなくても、困っている人を見かけたら手を差しのべるような気持ちを持ちつづけてほしいと願っている。

「誰かの役に立てる自分がいることを発見してほしいんです」

ある指導員の言葉が、すべてを言いあらわしているような気がした。

高木さんの絵

あるときから、ナッシュのウィークエンド・パピーウォーカーさんたちが、週末にナッシュを連れて出かけた先々でナッシュの写真を撮り、それをパピーウォーカー手帳に添付してくれるようになった。誰に頼まれたわけでもなく、ごく自然に始めたのだが、訓練生にとっては月曜日にパピーが帰ってくるたびに写真を見るのが大きな楽しみとなった。

「今週はお祭りに連れてってもらったんだね」

「わあ、こんなとこに行ったんだ」

写真から垣間見える塀の外の世界。そこへの橋渡しをしてくれるパピーたち。自分たちは出てはいけない社会の息吹《いぶき》を、こうして伝えてくれるウィークエンド・パピーウォーカーの思いやりは訓練生たちの心に染みた。

夏のある週末、ナッシュのウィークエンド・パピーウォーカーさんたちは、ナッシュを連れて日本盲導犬協会の街頭募金活動に参加した。盲導犬育成にかかる費用の約九〇パーセントは寄付によって支えられている。街頭募金活動は広く一般から寄付を募る場であるとともに、盲導犬とはどのようなものかを多くの人に知ってもらう貴重な機会でもある。街頭募金活動にはたいてい盲導犬とそのユーザーも参加するので、盲導犬と歩くとはどのようなものなのか、直接その声を聞くことができるのだ。

ナッシュは「もうどう犬パピー　いろいろ体験中」と書かれた鮮やかなオレンジ色のベストを着て参加。場所は広島一の繁華街、八丁堀だ。おとなしく地面に伏せ、道行く人びとを見上げる愛らしいナッシュには、多くの人びとが足を止め、「かわいいね～」「がんばりなさいよ」と声をかける。誰になでられても大喜びで尻尾をパタパタさせ、愛嬌《あいきょう》を振りまくナッシュ。塀の中でも外でも、ほんとうにおおぜいの人びとに愛されて育ったからこ

街頭募金でのナッシュ

そ、と思える。親子連れがよく立ち止まり、子どもたちが熱心に寄付してくれるのが印象的だった。

ナッシュの街頭募金での活躍ぶりを写真で見た訓練生たちは、誇らしさでいっぱいになった。やがて彼らのほうから「こちらの様子を絵に描いてお返ししたい」という声が上がり、白い紙に鉛筆で絵を描いてパピーウォーカー手帳に綴《と》じていいことになった。

八月半ば、初めて絵が許可された週。ナーブのパピーウォーカー手帳に綴じられたパピーの絵を見て、私たちはみんな目を見張った。おもちゃを見て興奮し、飛びつこうとしているナーブを訓練生がいっしょうけんめい抑えようとしている場面が描かれている。いまにも絵から人と犬が飛び出してきそうなほど生きいきとした躍動感《やくどうかん》のある絵。描いたのはナーブの主担当の高木さんだった。

高木さんはもともと絵を描くのが得意で、高校卒業後は美術の専門学校に行きたいと思っていたほどだったという。だが、家庭の事情でそれはかなわず、プロとして収入を得られないなら絵を描いてもむなしいだけ、と感じるようになっていた。だが、思わぬ場所でまた絵を描く機会がめぐってきて、彼のなかで少し何かが変わり始めたようだ。

「やっぱり自分は絵を描くのが好きなんだなーとあらためて思いました」

絵のすばらしさをほめると、高木さんはひかえめに言った。

だが、細密かつダイミックな動きのある彼の絵は、趣味で描いている素人の域を越えているように思えた。毎週パピーウォーカー手帳にはさまれている彼の絵を見るのが楽しみだという職員も、おおぜいいた。もちろん、ナーブのウィークエンド・パピーウォーカーさんたちがどれだけ彼の絵を心待ちにしていたかは言うまでもない。金曜日は家族みんなでパピーウォーカー手帳のまわりに集まって、わいわい言いながら絵を見るそうで、パピーウォーカー手帳にはこんなメッセージが書かれていた。

見事な絵を見せていただき、ありがとうございます。ナーブへの愛情を感じることができます。これからも協力してナーブを育てていきましょう。

愛犬ルカの死

絵を描きはじめてからしばらくして、高木さんの愛犬ルカが亡くなった。実家の妹から病気でもう手のほどこしようがないこと、苦しみを長びかせないために安楽死を選ぶことにした、と知らされたときの高木さんの嘆《なげ》きがどれほどのものだったか、動物を愛する人ならだれでも想像できるだろう。

自分は刑務所に入っていて何もできない。いますぐ駆けつけたいけれど、会いには行けない。延命治療はできないのかという考えも頭をよぎったが、たとえ数か月生きながらえたとしても、ルカの命のあるうちに自分がここを出られることはないだろう……。

ルカの安楽死の知らせが電報でとどいたとき、高木さんは点訳の作業中だった。一気に涙が流れだして止まらなかった。インフルエンザが流行しているときだったので、マスクで半分顔が隠れてはいたが、泣いていることはみんなわかっていただろう。

「ルカはかけがえのない家族の一員でした。僕だけじゃなく、家族もみんなどんなにしんどかったかと思います、こんなつらい決断をすることになって……。自分はこんなところにいて、犬のそばにはついていてやれず、家族の支えにもなれなくて……情けないです」

高木さんはときどき言葉に詰まりながら、ぽつりぽつりと話した。どの言葉からも彼の深い嘆きが伝わってくる。

高木さんが塀の中にいる理由。それは介護していた父親に暴力をふるい、死なせてしまった「傷害致死」の罪によるものだった。

高木さんは、幼いころから、酒に酔った父が母に殴《なぐ》る蹴《け》るの暴力をふるうのを見て育った。子どものときは母を守れずくやしい思いをしたが、中学生になるころからは、母をかばって自分が立ちはだかるようになった。だが、父親の飲酒と言葉による暴力は続き、家のなかにはいつも緊張が漂っていた。父親のことでよい思い出はまったくない。

そんな父が、ある日脳梗塞《のうこうそく》で倒れた。当時派遣《はけん》の仕事を転々としていた高木さんは、病気がちの母に代わって介護を担うことになった。だが、父にはやがて認知症の症状も現れ、失禁やタバコの火の不始末などで目が離せない状態になる。妹は会社勤めだったため、介護を担えるのは高木さんだけ。しかも介護の相手は大嫌いな父親……。一人で父親に向き合い、介護の重圧を背負ううちに、高木さんはしだいに追いつめられていく。

そんなある日、母親も脳梗塞で倒れてしまった。だが、母が入院したことを告げても、父は「それがどうした」。母のことなど意にも介さず、「おれはお父様だぞ」と当然のように世話を要求する父親に怒りが爆発した。これまでさんざん好きほうだいしてきて、お父様って、どういうことだ。気がついたら思いきり父親を殴りつけていた。

その翌日、父親は死亡。高齢者虐待を疑った病院の通報で警察が来た。高木さんは逮捕され、裁判の結果、傷害致死の罪で刑務所に入ることになったのだった。

父親の介護で追いつめられていた日々、高木さんにとってたった一つの心の支えは愛犬ルカだった。まっすぐな目で自分を見つめ、無条件の愛と信頼をくれた犬。ルカを連れて散歩に行くときだけが、わずかな息抜きの時間だった。

「ルカがいなければ、もう自分の人生に喜びはないと思います」

そう語っていた高木さん。

彼が失ったのはそれほど大切な存在だったのだ。

家族からの手紙を支えに

日本の刑務所では、外の世界との連絡手段はいまも手紙が中心だ。直接家族と言葉を交わせるのは、面会のときか、電話だけ。その電話も、受刑態度がよいと認められた人か釈放直前の人に限られ、もっとも受刑態度のよい受刑者でも月二回まで、一回につき三〇分以内という制限がある。しばらく手紙が来ないと、いったいどうしたんだろう、もう待つのがいやになったのだろうか、だれかに何か言われたのだろうか……際限なく不安と疑心《ぎしん》暗鬼《あんき》がふくらんでいく。

私が読ませてもらった永瀬さんの日記も、毎日のように妻からの手紙を待ちわびる気持ちや、手紙が届いたときの喜びで埋め尽くされていた。

「今週も手紙来ず! 来週は?」

「来週こそ手紙来るかな? みんな元気かな?」

「久しぶりに風雨が強い。あっちはどうだろう……お母さん、仕事に行くのに気をつけて……大変だろうなぁ」

「やっとお母さんから手紙が来た!! 皆元気だそうだ。何はともあれ無事で何より安心した！」

永瀬さんは携帯の出会い系サイトにはまってサラ金で借金を作り、コンビニ強盗におよんで捕まった。ごくふつうのサラリーマンとして、子どもを育て上げたあとは妻と二人、何の変哲《へんてつ》もない平穏《へいおん》な生活を送っていたのに、面白半分でアクセスした出会い系サイトから抜けられなくなったために人生が暗転。サラ金からの取り立ての電話に怯《おび》える日々が二年近く続いた。厳しい取り立てに追いつめられたある日、ついに思い余って深夜コンビニに押し入ったが、奪ったのは五万円ほど。

「なんてバカなことをしたんだって、刑事さんに言われました。そんなことで人生パーにするなんて。サラ金の借金を踏み倒したほうが、まだましだったじゃないか、とも……」

永瀬さんは情けなさそうにため息をついた。

だが、留置場でわれに返り、いったいどんな顔をして妻に会えばいいのかと身を縮めていた彼に、奥さんがかけた第一声は、「もっと早く言ってくれればいいのに！」だったという。過ちを犯した自分を見放さず、待っていてくれる人がいる。被害弁済《べんさい》、借金の整理などの苦労も自分に代わって背負ってくれる。

「女房にはもう一生頭が上がりません……」

奥さんのことを口にした瞬間、永瀬さんは涙声になった。

「ここ（刑務所）にいることで、法的責任は果たしてることになってるんでしょう。でも、出てからは道義的責任を果たさないといけない。そっちのほうが地獄でしょうね……。この生活にも大変なことはあるけど、言える立場じゃない。飯を食べさせてもらうだけでありがたいです」

とにかく早く務めを終えて、ここを出たい。出て、少しでも妻の支えに報いることをしなければ。そんな焦りにも似た気持ちを抱いていた永瀬さんにとって、盲導犬パピーウォーカーを任されたことは、ただ早く過ぎることだけを願っていた日々の生活に目的と意味をもたらすことになった。

「ここを出るとき、自分のものは全部捨てるつもりなんです。でも、オーラの思い出だけは捨てたくない。刑務所に入るなんて、一生しなくていい経験ですけど、パピープログラムの経験はお金を積んでもできないですから」

オーラに心を傾けつつも、永瀬さんは一八歳になる愛犬マリちゃんのことも気がかりでしょうがなかった。家族からの手紙にはマリちゃんのことは一言も書かれていない。もしかしたらもう死んでしまったのではないか。それを知らせると自分がショックを受けると思って、何も書いていないのではないのか……。

「マリちゃんは生きて元気でいるのかな？　オーラのせいか、やたらマリちゃんのことが気になる……」

「マリちゃん元気？　本当にマリちゃんの存在は自分にとってはとても大きかったなぁ。今もだけど……」（永瀬さんの日記より）

刑務所にいて死に目に会えないのはペットだけではない。親や配偶者、きょうだいが亡くなることもめずらしくない。ある年は、兄を事故で亡くした人がいたが、葬儀に出ることはかなわなかった。不仲だった兄だったが、それだけに、永遠に和解のチャンスを失ってしまったのだと思うと、なんともつらく、切なかったという。

塀の中で感じる別れの痛みは、外でよりもっと深く、苦しいにちがいない。

コラム③　盲導犬はどんな仕事をするのか

私たちはつい、盲導犬が視覚障害の人の道案内をしているかのように勘違いしてしまいがちだが、じつはそうではない。盲導犬の仕事は、目の不自由な人が安全に歩けるよう手助けすることだ。

①曲がり角に来た

②障害物がある

③段差がある

これらの情報を盲導犬が伝えることによって、交差する道路にそのまま出てしまう、ものにぶつかる、段差でつまずく、落ちる、などの危険を回避することができるのだ。

盲導犬がすごいのは、たとえ人間が「ゴー」(GO)と言っても、犬が危ないと思ったら動かずにいる、という不服従ができることだが、それにしても、犬の頭にナビが入っていて、どこでも行きたいところに連れていってくれるわけではない。あくまでも人間のほうが地図を頭に入れたうえで、犬が伝えてくれる「曲がり角に来ましたよ」「階段がありますよ」という情報をもとに、「じゃあ、右に曲がるよ」「階段を下りるよ」と人間が下した判断を犬に伝え、お互いに情報をやりとりしながら歩いているのだ。

「ともに歩く」人と犬をつないでいるのは、盲導犬が仕事中体に付けている白い胴輪《どうわ》、ハーネスだ。盲導犬ユーザーはこのハーネスのハンドル部分を手で握り、犬と並んで歩く。ハーネスをとおして伝わってくる犬の動きからは、そのときどきの犬の気持ちまで感じられて、まるで神経のようなのだという。

盲導犬ユーザーと盲導犬は、深い信頼と絆で結ばれている。目の不自由な人にとって、温かく血の通った存在がいつもそばにいてくれることの安心感はどれほどだろう。また、社会的な動物である犬にとっては、自分の飼い主とどこにでも行けるというのはどれほど嬉しいことだろう。家族が出かけて誰もいない家で、ときには玄関先の犬小屋で、何時間もひとりぼっちで過ごす犬より、どれだけ幸

横断歩道の前で待つ盲導犬とユーザー

せかと思う。

テクノロジーの発達により、目の不自由な人がスマートフォンなどの道案内を聞きながら歩けるようになる日はもうすぐそこまで来ている。

だが、どんなに便利な機器ができたとしても、盲導犬が機械に取って代わられる日が来ることはないだろう。なぜなら、人と犬の絆は、けっして機械で代替できるものではないからだ。手を伸ばせばいつもそこにいて、温《ぬく》もりと安心をくれるパートナー。それはやはり盲導犬でなければ務まらない大切な仕事なのである。

盲導犬はいつもそばにいてくれる

第4章

秋　再生の始まり

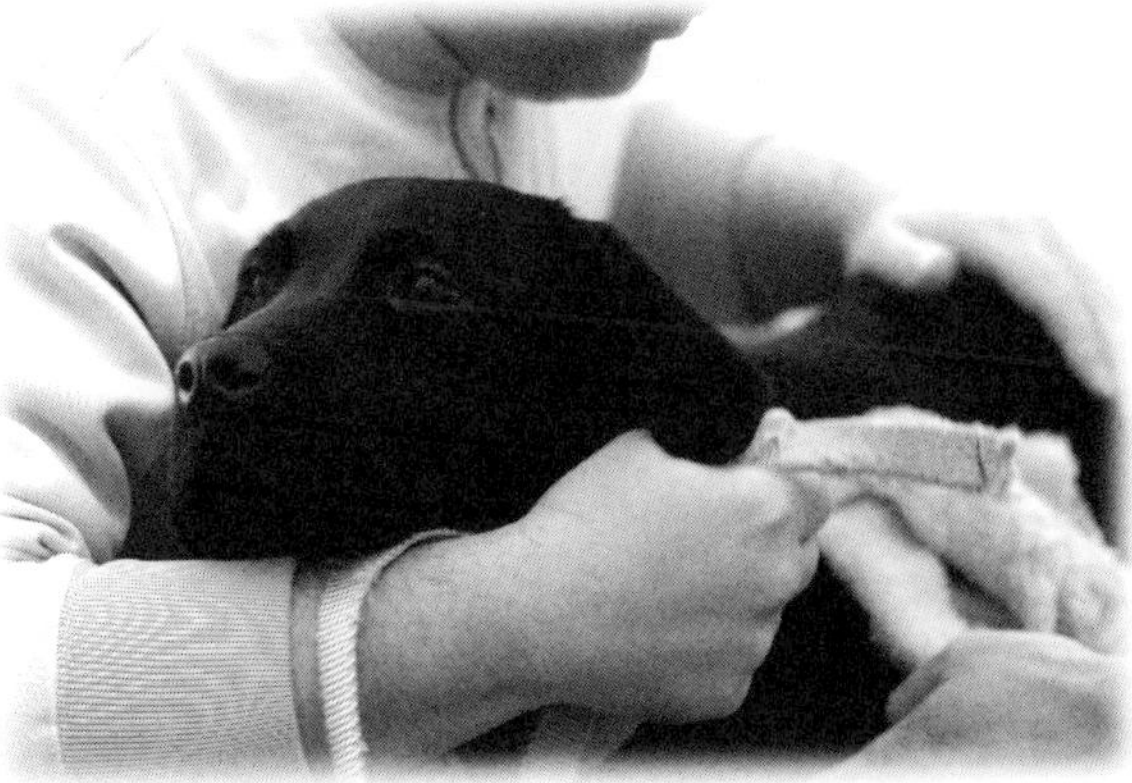

盲導犬歩行体験

訓練生たちのモチベーションが下がってきているのではないか——。その懸念《けねん》に対応するため、七月から検討されていた案がいよいよ実行に移されることになった。訓練生たちがアイマスクをつけておこなう視覚障害体験である。盲導犬パピー育成プログラムの使命の第一の柱は、一頭でも多くの盲導犬を送り出すのに貢献すること。それをあらためて思いおこすことで、また前向きに取り組む気持ちを取り戻してほしかった。

まず八月三一日におこなわれたのは、「キャップハンディ」と呼ばれる視覚障害体験研修。「キャップハンディ」とは、「ハンディキャップ」という言葉の前後を入れ替えた造語である。つまり、立場を入れ替えて実際に体験してみることによって、障害のある人の生活について理解を深めようというものだ。

日本盲導犬協会から視覚障害リハビリテーションの担当職員が来て、まずアイマスクをつけての壁のつたい歩きをやってみた。椅子《いす》に座っている状態から立ち上がり、壁をつたいながら廊下《ろうか》のはしまで行く。そして、ふたたび壁をつたいながら、自分の椅子まで戻ってきて座る、というものだ。そのあとは二チームに分かれ、白杖歩行を体験。一人がアイマスクをつけ、もう一人がその人を誘導して階段を昇り下りしたり、狭いところを通ったりもした。最後は、食事時間の最初の五分間だけアイマスクをつけた状態で食事をするという体験をし、キャップハンディ研修を終えた。

訓練生たちにとって、初めての視覚障害体験はかなり強烈《きょうれつ》だったようだ。

「距離感も方向もまったくわからなくて、むちゃくちゃこわかった」

「目が不自由でもちゃんと生活している視覚障害の人たちは、すごいと思った」

訓練生たちの感想には素直な驚きがあふれていた。

そして、九月七日。今度は二頭のＰＲ犬が来て、みんなが心待ちにしていた盲導犬歩行体験がおこなわれた。訓練生はアイマスクをつけ、盲導犬ユーザーがするのと同じように左手でしっかりとハーネスを持ち、犬の右側を歩く。曲がり角や階段に来ると、ちゃんと犬が止まって教えてくれる。

ある訓練生は、感動のあまり声をはずませて言った。

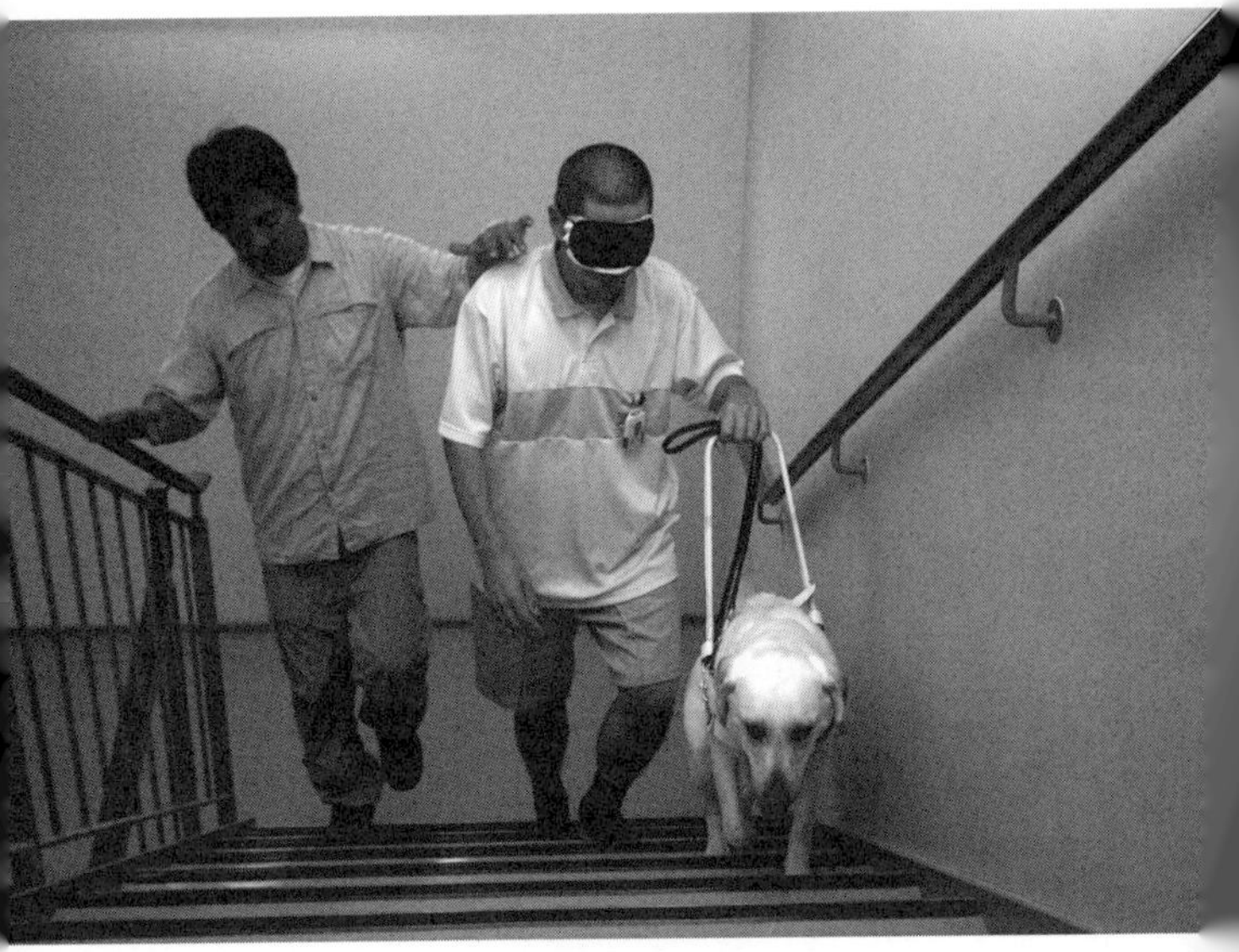

盲導犬歩行体験

「ちゃんと曲がり角で止まってくれました！　外で安心して歩けるようになるっていうのは、こういうことなんですね！」

別の訓練生もうなずいた。

「なんかやっと自分たちがやってることの意味がわかった気がします。もっとがんばろうって気持ちが湧《わ》きますすねー」

盲導犬と歩く――。それがどのようなものなのか、自分の身で体感できたことの意味は大きかったようだ。刑務所という閉じられた空間の中に長くいると、ついつい目の前の細かなことが気になってしまう。外部からの訪問者である私ですら、しばらく刑務所に通っているとそうなってしまうのだから、そこで毎日暮らしている訓練生にとって、刑務所のルールとパピーウォーキングの不協和音がことさら大きく感じられるであろうことは容易に想像できる。だからこそ、ときには一歩引いて、細部ではなく、大きな絵の全体を見わたすような工夫が必要だ。

盲導犬歩行はそのような工夫の一つだったわけだが、それを体験したからといって、刑務所の中で犬を育てる仕事が楽になるわけではない。よりよいパピーウォーキングをするにはやはりそれに適した環境づくりも欠かせないが、同時に、訓練生みずからが自分自身の気持ちの持ちようをコントロールすることも大切だと感じる。困難や問題を相対化して見ることができれば、同じ苦労も前ほど大きくは思えなくなってくるものだからだ。日々の葛藤《かっとう》や摩擦《まさつ》を超えた先にあるものを見つめ、このプログラムから成長の糧をつかみとってほしい……。キャップハンディや盲導犬歩行の体験がそのきっかけとなることを願うほかなかった。

オーラの隠し芸

九月。ナーブとナッシュは七か月齢になり、見た目はかなり成犬に近くなってきた。オーラはまだあどけなさが残っているが、手足がすらりと伸び、真っ白な毛並みが人目を引く。だが、運動場で砂や石を食べてしまう癖《くせ》がまだ直らず、訓練生たちの手を焼かせている。人の背中に乗りたがる(おんぶ)という新たな悪癖《あくへき》もついてきていた。ナーブとナッシュは砂こそ食べなくなったものの、ペットシーツを嚙《か》みちぎって食べてしまったり、床に

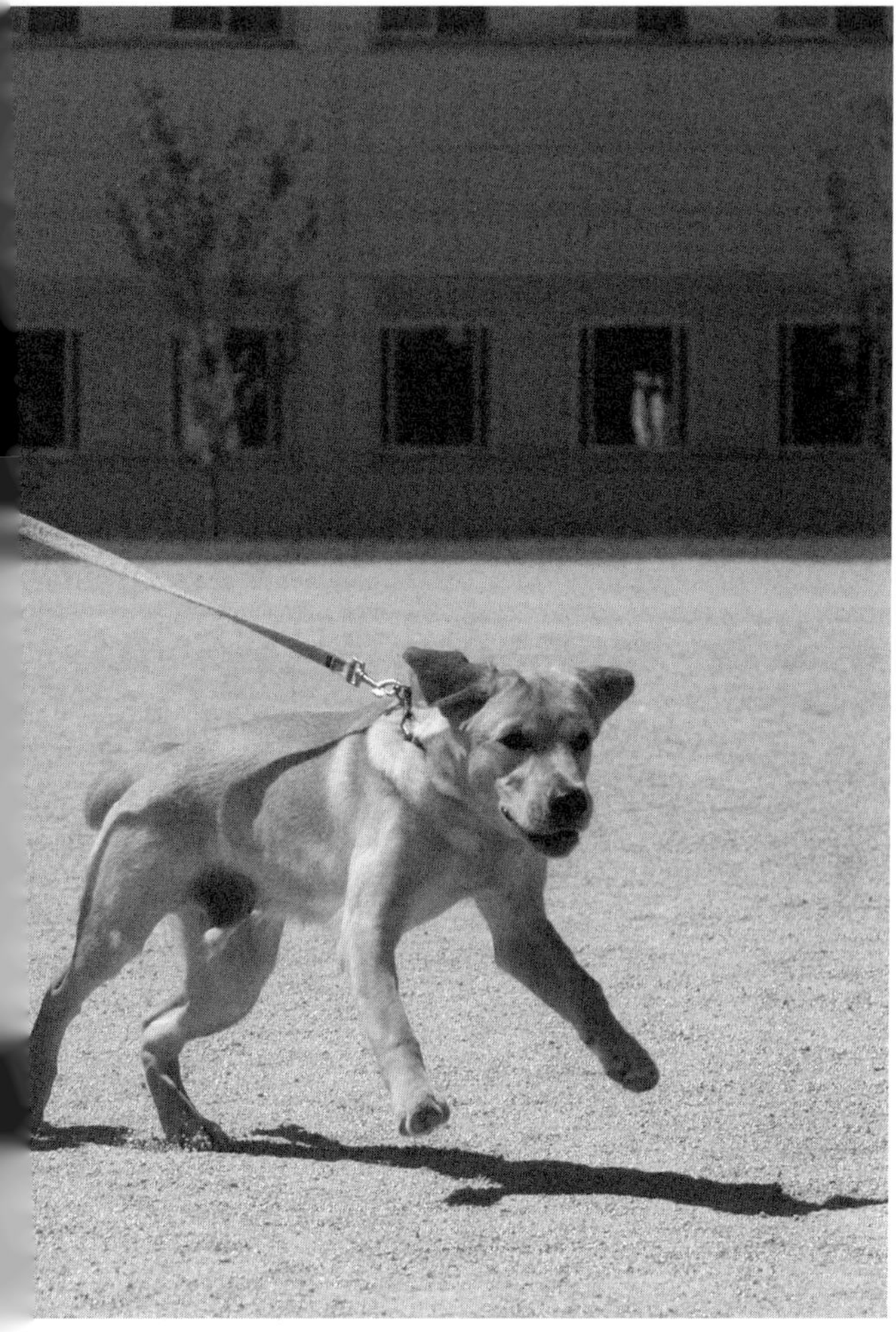

運動場を走るナーブ(右)とナッシュ

落ちたものは何でも口に入れようとするなど、これまた目が離せない。ラブラドール・レトリバーの食欲の旺盛さは有名だが、この三頭もまったくそのとおりだった。

あいかわらず気を抜けないパピーたちだが、最近はオーラがかわいらしい隠し芸をするようになり、みんなを楽しませている。名づけて「きつね飛び」。

以下は永瀬さんがウィークエンド・パピーウォーカーの俊介さんに向けて書いた説明だ。

おもちゃで集中して遊ばせて、「アウト」でおもちゃを離し、「シット」(おすわり)させます。目の前三〇~四〇センチぐらいのところにそのおもちゃを置いて「ウェイト」(待て)。しばらく待たせて、「ゴー」と、短くするどくコマンドをかけます。すると、後ろ足立ちになり、「きつね飛び」でおもちゃに飛びつく。みんなの人気です!

オーラはおもちゃに向かってまっすぐ飛びつくのではなく、なぜかまずポーンと空中高く飛び上がるのである。この姿があまりにおもしろくて、みんな拍手喝采《かっさい》する。きつねが実際そんな風に飛び上がるのかどうかは知らないが、いつのまにか「きつね飛び」と名づ

オーラのきつね飛び

けられ、みんなからリクエストされるようになった。ある訓練生から「オーラは番犬以下のばか犬」とからかわれ、「いまに見とれ」と思っていた永瀬さんは胸がすくような思いをしたにちがいない。

「オーラはたぶん成長がゆっくりなだけなんですよ。そのうち大化けしますよ、たぶん」と永瀬さんは自信があるようでないような微妙な口ぶりで言う。

「それにしても、時間が経つのはほんとに早いですねぇ。もう一月一八日の修了式のことが頭にある。その日、自分は持たんかもしれんと思っとるんです。オーラがちょっと週末いなくなるだけでもさびしいんですから……」

そう言ったあと、永瀬さんはしんみりとした口調になった。

「部屋の中では、たえずオーラに話しかけてますよ。人間の子どもにするように話しかけてます。今日は暑かったなーとか、はよ寝ろよーとか。オーラはベッドの下が好きで、ケージに入れようとすると、すぐベッドの下にもぐり込むんです。で、そこからちょっと顔出して、『ほら来てみい』って顔で見るんですよ。それがおかしくてねぇ」

オーラの話をするときの永瀬さんは、いつも目を細めて口元をほころばせ、ほんとうに

オーラは「お手」も上手にできるようになった

嬉しそうだ。彼が「尻尾の生えた娘」と呼ぶオーラ。もうかわいくてかわいくてしかたないのがわかる。それだけに、一月一八日は永瀬さんにはきついだろう。オーラが去ったあと、ペットロスになりはしないだろうか……。ちょっと心配になってきた。

ナーブがいてくれる

夏の終わりに愛犬ルカを亡くした高木さんは、その後どうしていたのだろうか。ルカの死後一か月ほどして会ったとき、高木さんはこう語った。

「ここを出て一番したかったことは、ルカに会うことだったんで……。もうそれができないと思うとつらいですね……。また犬を飼えばいいじゃないかとか言われるかもしれないけど、そんなもんじゃないんで」

つとめて冷静に話してはいたが、言葉の端々《はしばし》から深い悲嘆《ひたん》がにじみ出ている。

人であれ、動物であれ、大切な存在だった者の命の終わりに直面したとき、よい看取りができたかどうかはその後のグリーフワーク(喪《も》の作業)に大きな影響を与える。どんなにベストを尽くしたつもりでも何かしらの後悔は残るものだが、そのとき救いになるのは「できるだけのことをした」という思いだ。高木さんの場合はその機会すらなかったことで、いっそうつらい思いをしているにちがいない。

「母と妹は、看取りのプロセスでうんと泣いて、自分たちで決めて、できるだけのことをした。いい看取りができたおかげで、だいぶ気持ちが落ちついたみたいです」

そう話す高木さんの言葉には、かすかな羨《うらや》ましさすら混じっているようにも思えた。

「今回の子だけです、自分が看取れなかったのは……」

高木さんは一〇年前、元野良《のら》だった愛犬を看取り、その一か月後、今回亡くなったルカを家族に迎えた。そのときルカは、愛犬を失った痛みを癒《いや》すのを助けてくれた。いまのナーブの存在もあのときと同じようなものなのかもしれない、と高木さんは言う。

「もしいまナーブがそばにいてくれなかったら、どんなに苦しいだろうと思います。毎晩ナーブの寝顔を見て、どれだけ救われているか……。ナーブの寝息はすごく大きいんですよ。スゥースゥーって音たてて」

ナーブのことを話すときは、ほんの少しだが表情が明るくなったように見える。

ナーブのまなざし

「出たあとも、高木さんには犬が必要なんじゃないですか」と私が言うと、彼はちょっと考えて答えた。

「たしかに、また犬と暮らしたいとは思います。でも、ただかわいいから、さびしいからっていうだけで飼うわけにはいかないです。まずは自分の生活立て直して、ちゃんと責任持って飼える状況になってからでないと……」

どこまでもきまじめな高木さんらしい答えだ。

彼はどんな小さなことでもけっして手を抜かず、全力投球する。それは大きな長所なのだが、一方で、固く、融通がきかない面もあった。誰かがまちがったことをしていると思うと、どうしても許せない。また、物事には〇か一〇〇しかなく、一〇〇パーセントできないのなら、最初からやらないほうがいい。そんなふうに思ってしまう高木さんは、たった一つミスをしただけで、仕事をやめてしまったこともあったという。

「自分は世渡りが下手だとつくづく思います。こういう自分の性格はしんどいし、ほんと、生きづらいです。子どものころからハメを外せる人がうらやましかったですね。僕は自分で勝手に作った殻《から》に囚《とら》われて、そういうことができなかったんで……」

パピープログラムに関しても、高木さんは主担当として誰より真剣にプログラムに取り組んできたという自負があるだけに、刑務所側の対応にも人一倍不満を感じていた。

九月、起床から出業までの朝のスケジュールが一五分短縮され、パピーの排泄があわただしくなったこと。だらしないからとの理由で、床にじかに座ってパピーを遊ばせるのが禁止されたこと。犬の耳洗浄液のボトルが行方不明になったとき、訓練生が隠したのではないかと疑われたこと。

こんなにいっしょうけんめいやっているのに、なぜ自分たちを疑うのか。なぜもっとパピーを育てやすい環境を整えてくれないのか——。高木さんが毎週書くパピージャーナル（パピーウォーカー手帳とは別に書く、プログラムの受講感想文）は施設側への批判でびっしりと埋まっていた。

刑務所では、たとえ不満があったとしても表立って口にする者はほとんどいない。一日も早くここを出たいと願っている訓練生たちは、不満を言うと評価が下がり、仮釈放の日が遠のくのではないかと危惧《きぐ》するからだ。だが、高木さんは自分の評価にマイナスになるかもしれないとわかっていても言わずにいられなかった。ほんとうに「世渡りが下手」だったのだ。

望月刑務官はそんな高木さんへの対応に苦慮していた。彼は作業への取り組みも生活態度も満点。模範的な訓練生だった。だが、自分たちに対し、たえず批判の矛先《ほこさき》を向けてくる……。盲導犬歩行体験のあとも、高木さんの気持ちの持ちようは残念ながらあまり変わらなかったようだった。

「彼には怒っても逆効果かな、と思います。それより、信頼すること。なんと批判されても、信じるゆうか。彼はすごくまじめで、いいとこもあるんで、そのへんは評価しながらやっていこうかなと……」

望月刑務官は悩みながらも、あくまで高木さんのよいところを認めていこうとしていた。

それにしても、高木さんの世渡り下手や頑《かたくな》さは、単に性格的なものだけが理由とは思えなかった。彼のセルフ・エスティームは非常に低く、どこか人生をあきらめているようなところが感じられたからだ。

ある日、「結婚」が話題になったときのこと。私が「いつか結婚したいと思いますか?」と聞くと、高木さんは即座に言った。

「結婚したいと思ったことがないですし、これからもないと思います。父と母を見て育ちましたからね。自分の血なんか一滴も残したいと思わない」

迷いも逡巡《しゅんじゅん》もない、きっぱりとした答え。

「自分を好きになれないから。自分は父親に似てると思うんで……。それが子どもに伝わってほしくないんです」

父親の暴力を見て育ち、自分はけっしてああなるまいと思っていたはずだった。それなのに、自分もまた暴力をふるってしまい、結果として父親を死なせてしまった——。

「自分は『犯罪者』になってしまったんですよね……。人を死なせたわけだから、世間からすれば、常習の窃盗犯《せっとうはん》より僕のほうがずっと極悪人に見えますよね……」

彼はそう自嘲気味《じちょうぎみ》につぶやいた。そのつぶやきからは、彼の底なしの苦悩が伝わってくるようだった。

元気で送り出してやりたい

島根あさひセンターをかこむ山々が、赤や黄色に色づいてきた。長かった夏が終わり、ようやく涼しくなったかと思うと、足早に冬が近づいてくる。一〇月から一一月にかけては、訓練生の心の状態が夏とは少し違ってきているように思えた。泣いても笑ってもあと三か月。一一月一八日にはパピーたちを送りださなければならない。多くの訓練生がプログラムの終わりを意識し、残された時間をどう過ごしていくか考え始めていたようだ。

作業場でインストラクターの方（点訳指導員）と「あんなに小さかったのにねえ」と会話。このきゅうくつな生活でも、いつでも笑顔が出る。いろいろありがとう。朝起きたとき。夜寝顔を見ているとき。二四時間いっしょにいてくれて、ありがとう。

（ナッシュ班のパピーウォーカー手帳より）

一〇月後半のある日、ナッシュは突然右の後ろ足を引きずり始めた。いつもエネルギーにあふれ、人と遊ぶのが大好きなナッシュがすっかり弱り、訓練生たちを心配させる。

◆一〇月二一日

ナッシュの右後ろ足がおかしい。昼過ぎから足を引きずって歩く。

夕方、足を引きずりながらユニットに歩いて帰る。部屋に帰ってワン（おしっこ）をした後は動かず。時間とともに痛みがひどくなっていて、ケージに入るときキャーンと鳴く。

部屋を出て遊びたがるナッシュが、今日はえらいしんみりしているのがかわいそうになってくる……（後略）。

夜、知らせを受けた松本訓練士が島根あさひセンターに駆けつけ、ナッシュを盲導犬訓練センターに連れて帰った。翌日、動物病院で診察を受けたところ、この痛みは体が急激に大きくなったために起こった成長痛だろうとの診断。訓練生たちのもとに戻し、痛み止めを飲ませて様子を見ることになった。

◆一〇月二三日

だいぶ足もよくなってきた。ゆだんしたら、朝ユニット内を走りまわった。とにかく元気になってくれたので、〝バンバンザイ〟です。

ところが、成長痛がおさまってやれやれと思ったのもつかのま、今度はシーズン（生理）が始まった。人間のおむつに似た「シーズン・パンツ」をはかせる。ナッシュは体が大きくなり、トイレサークルの中に入って排泄するのがきゅうくつになったため、腰に排泄用のベルトも付けた。

◆一一月一二日

一〇月二九日にシーズンが始まって以来、ぐったりする時間が多くなっている。まだ出血が続いている。こんなに長いものなのか？

◆一一月二四日

シーズン終了！　病気ではなくてよかった。

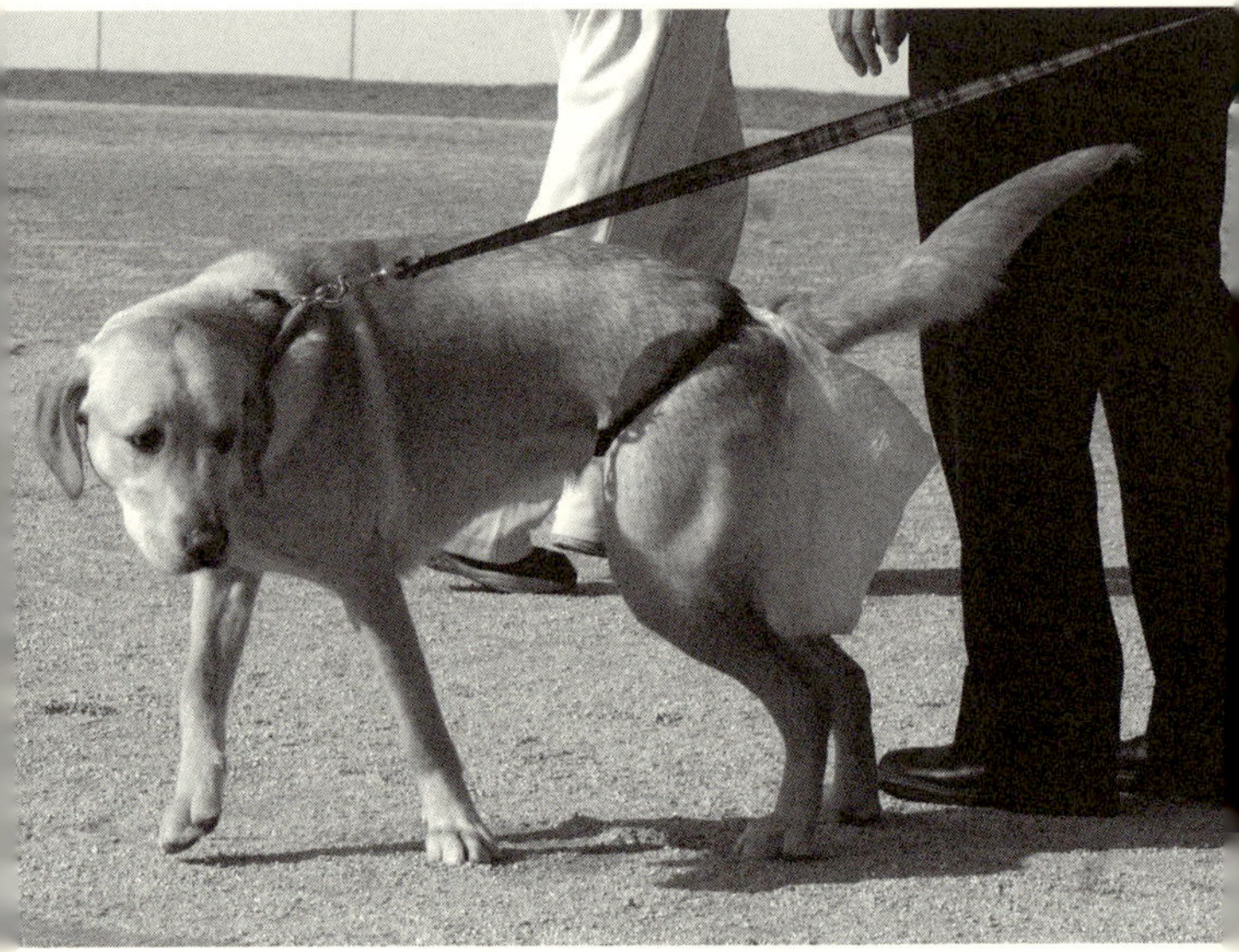

ベルトに取り付けたビニール袋に直接排泄させる

成長痛、シーズンと、いつもとちがう状態が続き、ナッシュ班の訓練生たちはずいぶん気をもんだ。やっとシーズンが終わった週のテーマは、「時間が許すかぎり思いきり遊ばせる」。訓練生たちは久しぶりに全力でナッシュと走り、戯《たわむ》れることができた。

一方、ナーブ班の訓練生たちの心配は、ナーブが何でも食べてしまうこと。

◆一一月二六日（ナーブのパピーウォーカー手帳）

前日に食べた毛布の切れはしが出てきました。タオルも出てきた。ラブラドール・レトリバーの習性なのでしょうか？　ここ最近の一番の悩みごとは「誤飲の心配」です。ほんの少しのゆだんや慣れが誤飲につながるケースもあると思いますので、これまで以上に身を引き締めて対応する必要があるようにも感じました。

オーラの課題は、「拾い食いをなくすこと」。

◆一一月三〇日（オーラのパピーウォーカー手帳）

ユニットの散歩中にゴミや虫の死骸があると食べてしまう。小さいから体に害はないと思うけど、外には大きいものもあるから、体をこわしてしまうのではないかと心配です。

修了式まで二か月弱。とにかく無事に、健康な状態で送り出してやりたい――。何よりも皆の頭を占めていたのはそのことだった。

能面が笑顔に変わった

第一期は訓練生を主担当と副担当に分けたため、パピーの世話はどうしても主担当中心になった。とはいうものの、プログラムの後半からはパピーたちが副担当の部屋にも泊まるようになり、パピーウォーカー手帳の記入を副担当もおこなうようになった。また、余暇時間に自分のことを後まわしにしてパピーの遊び相手になっていたナーブ班のCさん、いつもオーラの体調に気を使っていたDさん、パピーたちの食事作りを一手に引き受けていたEさんなど、自分から意欲的にかかわった副担当たちもいた。そのなかでも、とりわけ劇的に表情が変わったのがオーラ班の小島さん(三〇代)だ。

初めて顔を合わせたときの彼の印象を私はいまも鮮明に覚えている。というのは、彼はまるで能面のように無表情だったからなのだ。カチコチに固かったり、仏頂面《ぶっちょうづら》をして近づきがたい空気をまとっている訓練生もいたが、少なくとも彼らには表情があった。だが、小島さんの顔はまったく平板で、どんな感情も読みとれない。人と目を合わせることができず、痛々しいほど内気そうで、相当深く自分の殻にこもっているという印象を受けた。6Cユニットではチームで協力してパピーを育てていくわけだが、この人ははたして他の人たちとうまくコミュニケーションを取りながらやっていけるのだろうか、と心配になった。

ところが彼はプログラムが進むにつれ、目に見えて変わり始める。第一期では副担当には具体的な仕事を割り当てず、それぞれの人の自主性に任せていたため、熱心な人とそれほどでもない人との間に温度差が生じることになったのだが、小島さんは他の人たちのやらない仕事を見つけ出し、自分から積極的にかかわるようになったのだ。

彼が見つけ出した仕事とは、掃除である。グルーミングやパピーレクチャーのあとには、必ずほうきを手に、犬の抜け毛を掃《は》きあつめている小島さんの姿が見られた。給湯器の裏側やテレビモニターの表面など目につきにくい場所も、いつもていねいに雑巾《ぞうきん》でふいていた。犬がぶつかって机の位置がずれたりすると、そっと直している。

小島さんのそんな姿を、望月刑務官はちゃんと見ていた。そして、信頼して仕事を任せることで、もっと彼のやる気を引き出せるのではないかと考えた。

「小島は最初のころは引っ込み思案で積極性に乏しかったが、任されたことはちゃんとやる人間だと思いました。それで、いろんなことを頼むようにしたんです。パピーが何でも口に入れてしまうから、誤飲に気をつけてくれ、とか」

小島さんのほうも、望月刑務官が信頼してくれたことがうれしくて、それに応えようとがんばった。その努力が認められ、一〇月には優遇区分も上がった。

刑務所では生活や行動にさまざまな制限が設けられているが、受刑態度の良好な者に対しては制限の一部を緩和《かんわ》することによってインセンティブ(動機)を与えている。優遇区分には、よい順に第一類から第五類まであり、六か月ごとに評価がおこなわれるのだが、小島さんはそこで三類から二類に上がったのである。類が上がると、ひと月に出せる手紙や購買できる物の数が増え、三類以上は電話もかけられるようになる。

夏を過ぎたころから、小島さんは目に見えて表情が明るくなり、ときおり笑顔も出るようになっていた。彼にそのことを言うと、「犬がいてくれるから、明るくなります」と、かすかな笑みを浮かべて答える。

「小島さんはいつも、みんなが気づいていない汚れを見つけて掃除していますね」とほめると、「僕は犬を飼ったことがないんで、みなさんのサポート役でいいんです。主担当はもっと経験のある人がやるほうがいいですから」と、内気そうに目を伏せたが、はにかみながらもこう話した。

「ここでは僕のやってることに対して、みんなが『ありがとう』と言ってくれる。前にいた刑務所ではずいぶんいじめられましたけど、ここの人たちはみんなやさしくて、安心していられます。このユニットでの自分の役割は、みんなが見落としていることを補って、裏で支えることだと思ってるんです」

小島さんのように島根あさひセンターの開所以前から服役していた人は、最初は別の刑務所にいて、その後、島根あさひセンターに移送されてきた。一般の刑務所を経験している彼らは、パピーのいる6Cの雰囲気が他とちがうことを肌身で感じている。ともすればとげとげしくなりがちな刑務所という環境は、小島さんのように内向的な人には非常に厳しく、居づらいだろう。実際彼は、前にいた刑務所ではロボットのように感情を押し殺し、息をひそめているような状態だったと話していた。

だが、彼はこのユニットの中で、パピーの世話をとおして自分の居場所を見つけることができた。まさに、プログラム開始前の事前講習で、盲導犬ユーザーの須貝さんが訓練生に呼びかけた「リハビリテーション(自分にできることを探し、居場所をつくる)」に一歩踏み出したのだ。

二〇代のころから五年以上引きこもりだったという小島さんは、これまで何度も死にたいと思ったことがあったという。だが、いまは考えが変わった。

「自殺なんか考えて、ほんとに命を粗末にしてたと思います……。ほんの小さいときに来て、育っていく犬を見て、命の大切さが初めて実感できたような気がするんです。犬といると、気持ちがやさしくなります。人に対しても、やさしくありたいです」

そして、こうも言った。

「点字も覚えられたし、やろうと思えばできるんですね。自分は体も健康だし、人に与えることができるのに、そのチャンスを自分から閉ざしていたんですね」

自分の殻にこもり、能面のような無表情で心を閉ざしていた人が、こんなふうに自分を肯定《こうてい》し、認められるようになった――このことだけでもパピープログラムを始めた意味があったと思える。

一一月末のパピーウォーカー手帳に、小島さんはこう書き込んだ。


オーラと同じ部屋で過ごすのもあと一回となってしまいました。まだ他の二頭と比べると子どものようですが、それでも以前よりは手がかからなくなり、成長を感じます。あとの期間もオーラといい思い出を残していきたいです。

コラム④　出所した人たちは

刑務所からの出所には、刑期を最後まで終えてから出る「満期出所」と、刑期が満了となる前に条件付きで出所が認められる「仮釈放」の二通りがある。

〈仮釈放の場合〉

仮釈放が認められるためには、刑期の三分の一（無期刑の場合は一〇年。だが、近年二〇年以下で仮釈放されたことはない）を過ぎ、受刑者に改悛《かいしゅん》の状が認められること、という要件を満たしている必要がある（刑法二八条）。仮釈放で出所しているのは受刑者全体の半分ちょっとだ（女性は七割ほど）。

仮釈放で刑務所を出たあとは、残りの刑期を社会の中で暮らすわけだが、まったく自由に過ごしていいわけではない。刑期満了までは保護観察下に置かれ、定期的に保護司と面談して生活指導を受けることになる。保護司というのは、仮釈放された人が帰住する地域でさまざまな相談に乗ったり、住まいや職探しの手伝いをするなど出所した人たちの社会復帰に重要な役割をはたす人たち。法務大臣から委嘱《いしょく》を受けてはいるものの、皆民間のボランティアである。保護司は全国に約四万八〇〇〇人いるが、平均年齢が約六五歳と高齢化していること、また、社会的信望、熱意や時間的余裕があることなどの条件が必要で、誰でもなれるというわけではないため、その確保が課題となっている。

仮釈放で出所した人はどこに行くのかというと、身元引受人がいる場合はその人のところへ(親族・元の雇い主など)、いない場合は更生保護施設に入所する。更生保護施設というのは、帰るところや頼れる人がおらず、すぐには自立することがむずかしい人たちに滞在場所を提供し、自立に向けた支援をおこなう施設のこと。仮釈放で出所した人たちは、衣食住が確保される更生保護施設にいる間に職探しをし、自立への準備をすることになる。

だが、更生保護施設にいられるのは原則仮釈放期間中だけで、刑期が満了すると出ていかなければならない。それまでに仕事をして自分で部屋を借りられるだけの資金を貯められるか、住み込みの仕事を見つけられればいいが、それができないまま退所しなければならない人も少なくない。住居を確保できず、その日からネットカフェ難民、という人もいる。

〈満期出所の場合〉

仮釈放とちがい、刑期を満了し、自由の身となって出所した人の場合、保護司はつかない。こちらのほうがむしろ楽なように思う人もいるかもしれないが、じつはそうではなく、刑務所を出た後に再び犯罪をする「再犯者」は、満期出所した人のほうが仮釈放された人よりかなり多いのが現状だ。平成二六年版犯罪白書によると、二〇〇四年に満期出所した人と仮釈放された人を比べると、二〇一三年までの一〇年間に再犯をした人の割合は、満期出所が六〇・八パーセントで、仮釈放が三九・二パーセント。満期出所した人の割合のほうが、仮釈放された人より二割ぐらい高いのである。

これはなぜかというと、満期出所の人は刑務所を出たその日から孤立無縁《こりつむえん》に陥《おちい》ることが少なくないからだ。面倒を見てくれる身元引受人のいる人は仮釈放の対象になるが、満期の人はどこにも行き先がないことが多い。しかも保護司の支援も受けられない。服役中に刑務作業をすると作業報奨金というものが支給されるが、微々たる金額のため(その人の職能レベルにもよるが、平均して月額四〇〇〇円ほど)、出所してすぐ住まいと仕事が見つからなければ、再犯に至る可能性は高まる。仕事が得られないと、再犯率は五倍近くにもなることがわかっている。

　刑務所を出た人たちが再犯をして、刑務所に戻ってしまうのを防ぐには、どんなことが必要なのだろうか。これはそれだけで何冊もの本になるほどの大きなテーマで、とてもこの短いコラムの中に収めることはできない。だから非常におおざっぱな言い方になってはしまうが、やはりまず肝心なのは、「社会の中で生活していける」ことではないかと思う。つまり、住むところがあり、食べていける(職がある、あるいは生活保護や福祉の支援が受けられる)、そして困ったときには頼っていける場所や人とのつながりがあり、社会の中に自分の居場所があると感じられることではないだろうか。

もちろん薬物やアルコール、ギャンブルなどの依存症を抱える人はそれをやめ続けるための努力と周りの支援が必要だし、万引きをくり返してしまう人にはその行動パターンを変えるための支援など、それぞれの人に合わせた助けが必要だろう。道を誤った人が再犯してしまうのを防ぐには、出所後も相当の時間と労力が要ることはたしかだ。

だが、法務省の西田博矯正局長によると、国が負担する受刑者一人あたりの年間費用は平均二五〇万円から三〇〇万円(『新しい刑務所のかたち』)。一人の人を刑務所に収容しておくために、私たちの税金がそれだけ使われているのである。また、再犯を防止することは、もう新たな被害者を出さないことでもある。一人でも多くの人が社会復帰できるよう支援を充実させることは、よりよい税金の使い途《みち》であるだけでなく、より安全で、誰もが住みやすい社会にもつながるにちがいない。

第5章

冬　犬たちの旅立ち

カウントダウン

一二月。

外は一面の銀世界で、室内にいてもしんしんと底冷えがする。冬の島根あさひセンターは、ほんとうに寒い。訓練室には石油ストーブが二台置かれ、ストーブのすぐそばに座っていれば暖かいが、離れたところで作業している訓練生は背中を丸め、相当寒そうだ。訓練室にいると、私の手もじんじんかじかんでくる。若い人たちはそうでもないが、最年長の永瀬さんの手には赤ぎれができていて、見るからに痛々しい。

パピープログラムの修了式まで約一か月となり、訓練生たちはパピーたちとともに暮らせるのはあと何日か、数えながら日々過ごしていた。各班の「今週のテーマ」も、「思い出づくり」「課題はなしでのんびり」などに変わり、パピーたちと過ごす残りの時間を少しでも大切に味わいたい彼らの思いが伝わってきた。

クリスマスが近づいたある日、永瀬さんがこう話した。

「夜、何度も目が覚めるんですが、そのたんびにオーラと目が合って、ひとしきりいっしょに遊ぶんですわ。ケージの入口のとこに座って、ひざに乗せてやるんです。尻尾がケージに当たってカタカタ音をたてないように、手で押さえてね。すると安心して丸くなって寝るんですよ。ほんとにかわいいですよ」

話しながら、彼はだんだんしみじみとした口調になっていった。

「オーラの寝息が手にかかる、その温かさがなんとも言えないんですよね……。夜中に一人で起きてても、一人じゃない。夜眠れないときは、考えごとばかりしてよけい眠れなくなるんですわ。若かったときのこととか、女房や子どもたちのこととか……」

永瀬さんは一面雪景色の窓のほうに目をやって言った。

「オーラがウィークエンドさんとこで、雪の中を走りまわっている姿を見たいなあ。高木さんともよく言ってるんですよ、見れたらいいねって」

自分は出所したら、正直言って刑務所のことはもう思い出したくないだろう。でも、オーラのいろんな姿だけは忘れたくない。あの天真爛漫《てんしんらんまん》な寝顔と「きつね飛び」だけはいつまでも記憶に焼き付けておきたい、と永瀬さんは言った。

運動場でのオーラ

年末が近づいたある日のパピーレクチャーでは、これまで約九か月間プログラムに取り組んできた感想を一人ひとりに話してもらった。最初に口を開いたのは永瀬さんだった。

「四月にここに来たときはあんなに小さかったオーラが、いまはこんなに大きくなって、感無量《かんむりょう》です。最初のうちはちょっと下痢もしたけど、おおむね元気に過ごせてよかった」

話しているうちに、みるみる目が赤くなっていった。

「家から手紙が来なくて不安だったときも、犬に話ができる。ふつうの刑務所とちがって、一人じゃない。この子のおかげで、ほんとうに、助かりました」

永瀬さんの涙まじりの言葉に続き、ほかの訓練生たちも順番に感想を述べた。

「最初は自分が楽しければそれでいいって感覚だったのが、途中から視覚障害の人たちのことを強く意識するようになりました。それが自分にとっての大きなプラスです」

「犬は言葉が通じないから、いっしょうけんめい気持ちを理解しようとしたし、こちらの意図もどうすれば伝わるんだろうって、真剣に考えました。それが人とのコミュニケーションにも役立った気がします」

高木さんが口にしたのはこんな感想だった。

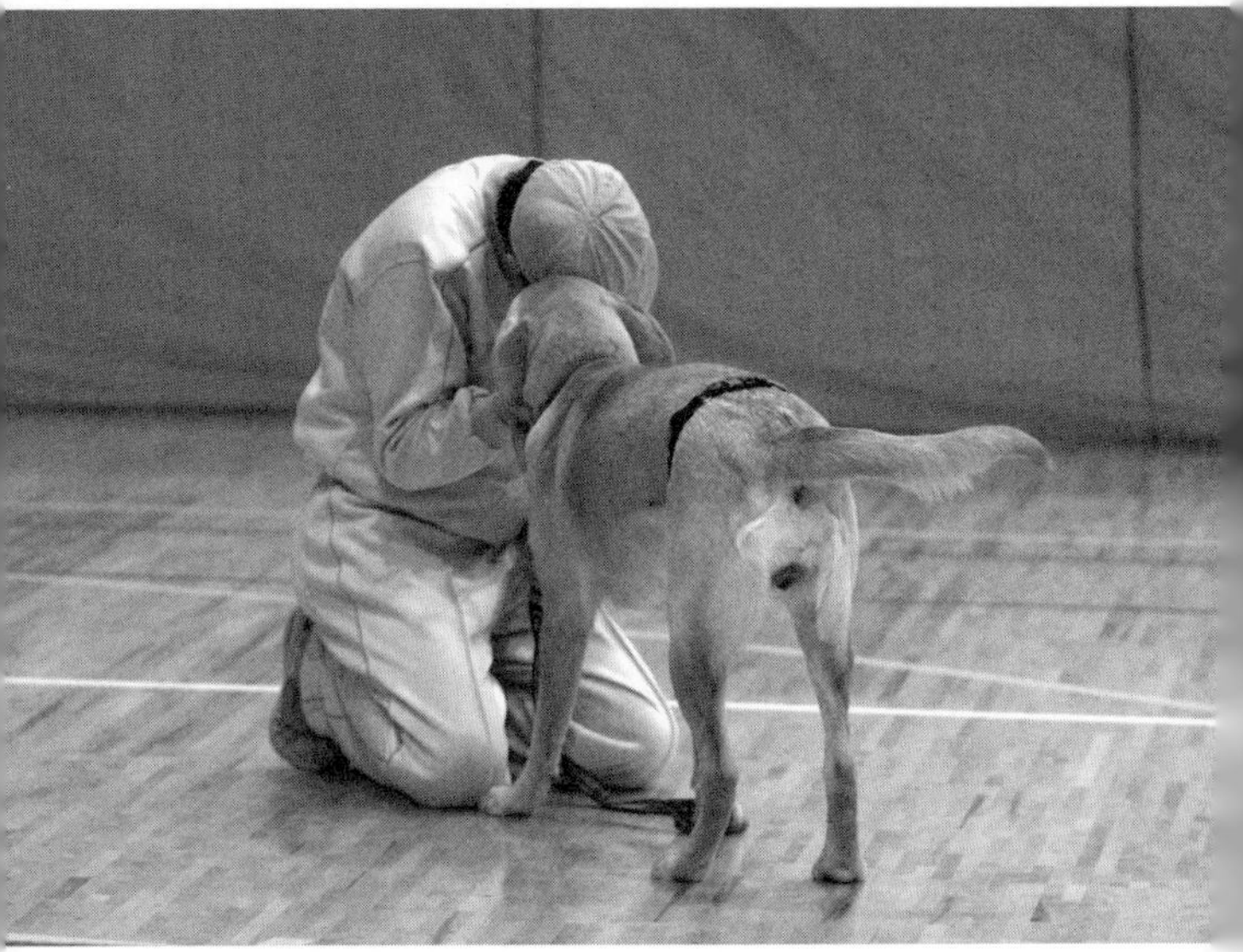
体育館での運動時間、ナッシュとふれあう訓練生

「この子たちがいなかったら、気持ちがすさんだこともあったかもしれません。自分を見失わずにすんでよかったです。八月にわが家の犬が亡くなったときも、ナーブの世話で気持ちを別の方向に向けることができたし……」

自分たちのあとに続く第二期に向けて、具体的な提言をした訓練生もいた。

「パピーが下痢をしたり、足を痛めたりしたときは、ほんとにオロオロしました。受刑者が不安を抱かないように、夜間の緊急連絡体制をしっかり整えてもらいたい」

高木さんも、もちろん施設側への要望を忘れなかった。

「この一一人はみんな犬が好きだからいいですけど、今後人数が増えたら、そうでない人も入ってくるかもしれない。犬が嫌いな人が来ないよう、人選には気をつけてもらいたいです」

あと少しでプログラムが終わるということもあって、このときはあまり強い意見は出なかった。だが、訓練生たちの胸のうちにはきっとさまざまな思いがくすぶっていただろう。刑務所で犬を育てるという日本初の試みを始めるにあたって、私自身も含め関係者一同さまざまな状況を想定し、万全の準備をしたつもりだったが、実際に始めてみるとまだまだ準備不足であることに気づかされた。たとえば、募集の際の説明が足りなかったために、一人につき一頭の犬を任されるものと思いこんでいた人がいたり、週末はパピーがいなくなることを知らずにがっかりした人たちもいた。途中でいなくなったAさんのように、点字点訳の職業訓練を希望してきたのに、思いのほかパピーの世話に時間をとられることに不満を感じた人もいた。

二年目以降は、一年目の反省点をふまえ、できるだけ期待と現実にずれが出ないよう募集要項を修正したり、チーム全員にまんべんなく仕事が割り当てられるようシフトを組んだりすることでかなり改善できたと思うが、一年目は試行錯誤の連続だった。まさに手探りでパピーウォーキングをしなければならなかった第一期の訓練生たちは、さぞ大変だっただろうと思う。

高木さんは思うようなパピーウォーキングができないフラストレーションを抱えつつも、残り少ないパピーウォーカー手帳には最高の絵を描こうと決意していた。最後の三枚の主題はもう決めてある。一枚はナーブが小さかったころの姿、二枚目は盲導犬として働く将来の姿、そして三枚目はナーブ班の四人のメンバー全員でナーブをかこむ姿。

すらりと引き締まった精悍な犬に成長したナーブ

「描くからには、〝作品〟として描きたいんです」と、高木さんは真剣な目をして言った。パピーの世話で忙しいなかでも、彼は毎週必ず描くことを自分に課してきたのだ。

「やっぱり絵を描くのが好きなんですね。それに、ウィークエンド・パピーウォーカーさんに喜んでもらえるのがうれしいので……」

高木さんの渾身《こんしん》の三枚がどんな絵になるのか、いまから待ち遠しかった。

ひと足先の修了式

一月一一日。ウィークエンド・パピーウォーカーの修了式がやってきた。ウィークエンド・パピーウォーカーの修了式は訓練生より一週間早くおこなわれる。

朝、旭町の一家を訪ねると、五人家族がナーブの周りに集まり、高木さんが全力で仕上げた最後の三枚の絵に感嘆《かんたん》していた。私も見て思わず息を飲んだ。一枚目は、子犬のナーブを腕に抱っこして微笑む高木さん自身の姿。ナーブの毛の質感まで伝わってくるような、精緻《せいち》な鉛筆画だ。「四月、初めてナーブと出会った日のことが、昨日のことのように思い出されます……」とのキャプションが添えられている。

二枚目は、視覚障害者の女性がナーブとともに前を向き、胸を張ってさっそうと歩いている姿。キャプションは、「いつの日か、ナーブがハーネスを付けて盲導犬ユーザーの方の眼となり足となり、街を歩く日が来ることを、せつに願っています」。

そして、制作に一一時間かけたという圧巻の三枚目は、ナーブ班の四人の訓練生が、誇らしさと喜びにあふれた表情のナーブをかこんで親指を立て、「Good!」と言っている絵。キャプションは、「ナーブとともに過ごす時間が私たちにぬくもりと笑顔を思い出させてくれたような気がします。ナーブに心から感謝を込めて……ありがとう」。

お母さんが、しみじみとこう言った。

「訓練生の人たちが、今週はこういうことをやってみましたとか、ほんとうにいっしょうけんめいナーブを育てようとしているのに刺激を受けて、私たちもがんばろうって思いましたね。私たちは中の人たちにできないことをしよう、ナーブをできるだけいろんなところに連れていこう、そうやって、いっしょに育ててるんだという実感が持てた気がします」

高木さんの絵

お母さんは、訓練生たちとともにパピーウォーカーをすることで、息子たちが人間として成長したことも感じている。

「長男も次男も、困っている人の立場になって考えられるようになったというか、人の痛みや苦労をわかろうとするようになってきた。みんないろんな事情があるんじゃない、いろんな人がおっていいんじゃないって。訓練生や視覚障害者の人たちとの出会いが大きかったと思いますね」

ウィークエンド・パピーウォーカー修了式の日、それぞれの犬を連れて盲導犬訓練センターに集まった三家族は、しばしパピーたちとの別れを惜しんだ。

広島の一家のナッシュとの最後の週末は、もう涙、涙だったようだ。お母さんが勤務先の老人保健施設に最後のあいさつに連れていったときは、職員も入居者のお年寄りたちも、つぎつぎにナッシュにさよならを言いに集まってきたという。

「私たちの顔も覚えてくれない認知症の入所者さんが、『私を忘れんでね。盲導犬になるんよ!』と言われたのには驚きました」と、お母さんは話す。自分からは口を開くことのなかったパーキンソン病の女性が、ナッシュを抱きしめたままいつまでも離さなかった姿にも胸がいっぱいになった。職員の一人は、「ナッシュに会わなければ盲導犬のことを知ることもなかったし、気に留めることもなかった」と言ってくれた。おおぜいの仕事仲間や友人が街頭募金に参加しているナッシュに会いにきてくれて、そのうちの一人は、第二期のウィークエンド・パピーウォーカーになることを決意。

「自分の夢だったパピーウォーカーというボランティアが、こうやって社会貢献につながっていって、ほんとうにうれしかったですね」

お母さんはしみじみと言う。

「でも、一番よかったのは、やっぱり娘のためになったこと。ナッシュを育てて、いちばん変わったのはあの子でした。いままでは言わなければやらなかったことを、自分からやるようになって。やったふりをしておくとか、このへんでいいだろうとか、そういう手抜きもしなくなったし、自分から積極的に何かするなんて、いままでのあの子にはなかったことだから」

里子の娘さんは、ナッシュとともに街頭募金に参加したり、盲導犬デモンストレーションに出たりしているうちに、少しずつ自分に自信が持てるようになったそうで、なんと自分から中学の生徒会役員に立候補。そして、書記に選ばれるという快挙をはたしたのである。娘さんに命あるものをケアすることで成長してほしいというお母さんの願いはかなったようだ。

オーラを担当した浜田の家族は、お母さんが目を真っ赤にして泣いている。オーラには、飛びつかれたり、家具をかじられたり、散歩では転ぶほど引っ張られたりして、さんざん苦労させられたお母さんだが、手がかかったぶん愛着も強かった。お母さんと俊介さんは、昨日オーラを海辺に連れていき、長い散歩をした。オーラは別れが近いことを感じていたのか、いつも以上に二人に甘えていた。

俊介さんは、訓練生に向けて、パピーウォーカー手帳にこんな最後のメッセージを書き込んだ。

元気に笑顔で送り出してやりたいのですが、今はさびしさでいっぱいです。ただオーラへのいろんな気持ちをわかってもらえる方々がいると思うと心強いです。残りの一週間、オーラとの大切な時間を悔いの残らないように過ごしてください。私たち家族の思いを皆さんに託します。一〇か月間、本当にありがとうございました。

俊介さんは言った。

「仲間というか、同じことをやって、同じ経験をして、同じ喜びを味わって、同じ悲しみを感じる人たちが塀の向こうにいる……それが支えになるんですよ。さびしいのは自分だけじゃないっていうか、いっしょにやりとげたという連帯感がある」

最初のうちは、自分とはまったく無関係のはるか遠くの存在に感じられた訓練生に対し、お母さんもこう書いた。

オーラ、皆さま、ともにがんばってほしいです。

一度も顔を合わせることはなくても、塀の中にいても外にいても、パピーウォーカーたちの間にはオーラを介して確かな絆が生まれていた。

修了式の最後、パピーたちには一頭一頭、盲導犬が使うハーネスが付けられた。子犬時代が終わり、これから盲導犬になるための本格的な訓練に入るという明確なサインだ。ウィークエンド・パピーウォーカーの三家族は、けんめいになごり惜《お》しさをふり払い、エールとともにパピーたちを送り出した。

自分の宝を手放す

一月一八日、今度は訓練生のパピープログラム修了式の日が来た。朝からさわやかに晴れわたり、気温が上がったために地面に積もった雪が溶けはじめている。まるで今日一日だけ春が来たかのようだ。

午前中は、「パピープログラムの歩み」と題したスライドショーを上映した。訓練生たちに写真をとおしてこの一〇か月間を振り返ってもらおうと、私がこれまでに撮影してきた写真の中から約一三〇点を選んだ。初めてパピーがセンターに到着し、訓練生の腕に抱っこされた日から今日までの成長の軌跡《きせき》。スクリーンに映し出される幼いころのパピーたちの姿に、手で目をぬぐっている人もいる。

　午後からは、いよいよ修了式が始まった。島根あさひセンターの主だった職員に加え、盲導犬訓練センターからも多数のスタッフが出席し、ふだんは冷え込む多目的ホールが汗ばむほどの熱気に包まれている。日本初のプリズン・ドッグプログラムの修了式とあって、おおぜいのメディア関係者も詰めかけ、何台ものテレビカメラが立ち並ぶ。

　今日、手塩にかけて育ててきたパピーたちを、日本盲導犬協会に返すのだ。

　井上理事長が、訓練生全員にパピープログラムの修了証を手わたす。そして、一人ひとりとしっかり握手をし、ねぎらいの気持ちを表した。ここまでは粛々《しゅくしゅく》と進んだのだが、いよいよパピーを返す段になって、抑えに抑えてきた彼らの感情が堰《せき》を切ったように流れ出した。井上理事長にナーブのリードを渡した瞬間、高木さんの口から嗚咽《おえつ》が漏《も》れたのだ。席にもどったとたん、彼の目からボロボロと涙が流れ出すのが見えた。ズボンの後ろポケットからハンカチを取り出し、あふれる涙をぬぐう。

　あの高木さんが、訓練生のなかでいちばん感情を見せそうになかった彼が、泣いている……。その姿に、離れたところから見守っていた私たちももう涙をこらえきれなくなってしまった。ユニット担当の支援員さんは号泣《ごうきゅう》し、目を真っ赤に腫《は》らしている。望月刑務官の目にも光るものがあった。

「娘の結婚式でも泣かなかったのに、あの日は涙ぐんでしまいました。初めてユニットにパピーが来て、ちっちゃかったのがどんどん大きくなって、いろいろあったけども、やっと今日無事にパピーを返せる。そう思うと感無量で……」

後に修了式のことを振り返って、望月さんは言った。

修了式の最後には、訓練生たちがしばし犬とふれあえる時間を設けた。どの班も自分たちが育てたパピーを抱きしめ、全身を撫《な》でまわし、思いきり愛情をぶつけている。松本訓練士ら盲導犬協会のスタッフは各班をまわり、一人ひとりの訓練生にお礼を言って握手を交わした。そこでまた涙にむせんでしまう人もいて、修了式は最後まで涙が乾くひまがなかった。

修了証には、私が撮影した二枚の写真——パピーが子犬のときと成犬になってからの姿——をはめ込み、訓練生たちに非常に喜ばれた。受刑者に刑務所での写真を渡すというのは通常ではありえないことだが、背景がわからないよう注意して撮影するということで許

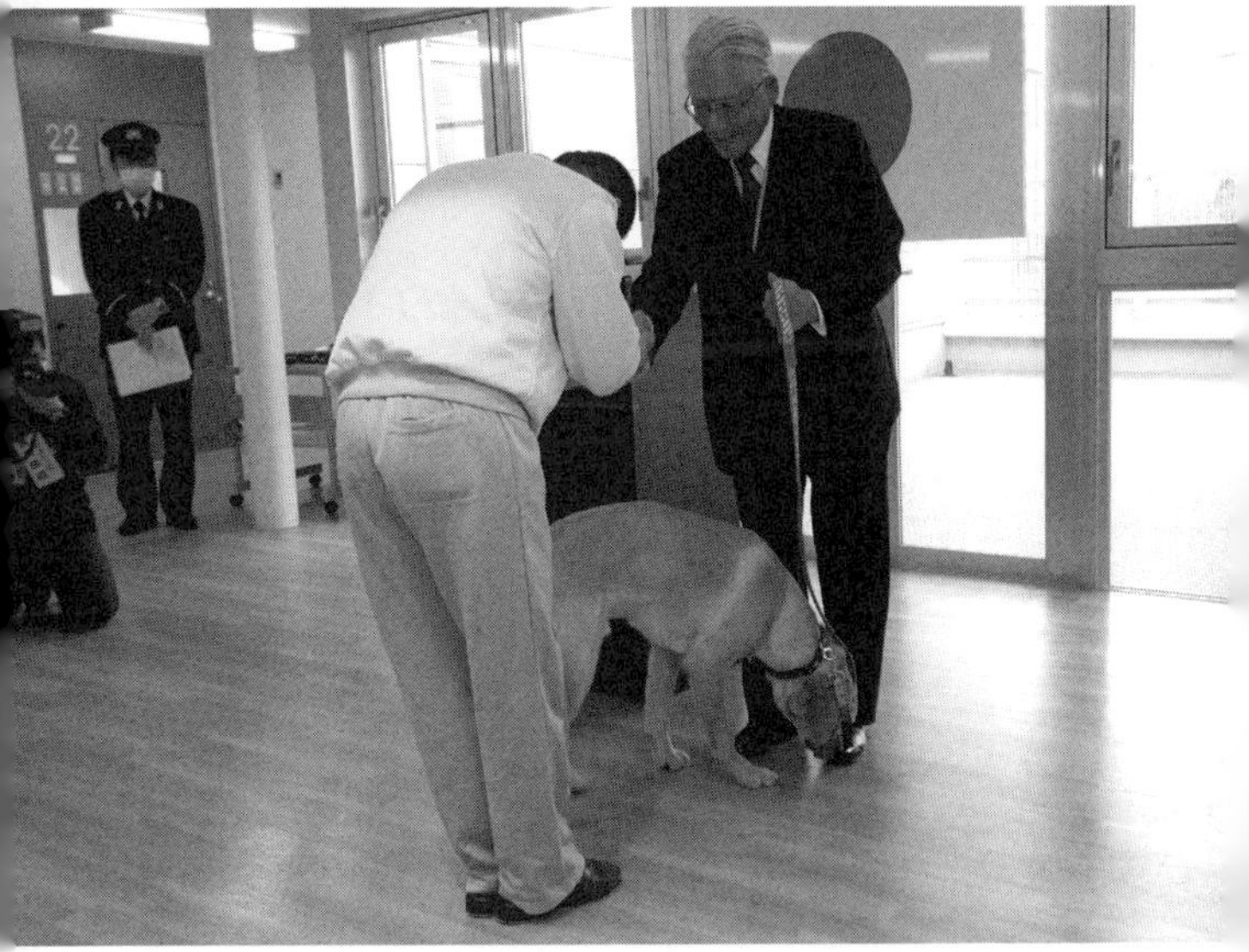

修了式

可が下りたのだ。出所して社会に戻ったあとの彼らには、多くの困難が待ち受けているだろう。気持ちがくじけそうになったり、自分を見失いそうになったりすることもあるだろう。そんなとき、パピーたちの写真を見ることで、ここでりっぱに盲導犬候補の子犬を育て上げたことを思い出してほしかった。修了証に写真を添付することが許可されたことは、彼らへの何よりのエールだと思っている。

修了式から一夜明けたあとの6Cは、がらんとしていた。いつもなら聞こえるはずの犬たちの鳴き声も、訓練生たちの呼びかけも、いまはもうない。主担当の訓練生たちの居室は、床の大半を占めていた犬のケージがなくなり、ずいぶん広々として見える。

「昨日は空気が抜けた風船みたいで、どっと疲れが出ました。夜中にふと目が覚めたら、オーラがいない。いつもならひざに乗ってくるのに。これまでも週末はいなかったけど、今度はもう帰ってこないんだなーと思うと……」

永瀬さんは言葉に詰まり、ハンカチを出して目をぬぐった。

修了式のあと訓練生を代表してメディアのインタビューを受けた彼は、「プログラムから得たものは何ですか」と聞かれ、こう答えていた。

「最初のころはパピーは自分のための癒しという存在でしたが、途中から少しずつ変わってきました。慈《いつく》しむ心を教えてくれました。家族に対してもそうですし、自分が被害を与えた人に対しても、どんなに怖い思いをしたか、相手の気持ちを考えるようになって……」

永瀬さんは言った。

「慈しむ、って言葉が自分のなかから出てきたことに驚きましたね。でも、オーラの寝顔を見てたら、ふーっと自然に湧き上がってきたんです」

そして、「けがも病気もなく無事お返しできて、ほんとに安堵《あんど》しました。井上理事長にお渡しするとき、『オーラ、シット』と言ったら、ピッと座った。あんなにやんちゃだったのが、ここまで落ちついて……。なんとかパピーウォーカーとして責任をまっとうできたかな……」と謙遜《けんそん》しながら言う。

「オーラは永瀬さんにとって、何だったんでしょうか」

私がそう尋《たず》ねると、永瀬さんは間をおかず、はっきりと答えた。

「宝です。こんなところにいるのに、与えられた宝」

「そんな大切なものを手放したんですね」

「しょうがないですもん……」

永瀬さんの目からまた涙がこぼれ落ちた。

ハンカチで目をぬぐいながら、彼は自分に言い聞かせるように言った。

「ここを出てからも、オーラが盲導犬になるためにがんばってる、そう思うことで自分が支えられる。あの子に恥じない生き方をしたいです」

刑務所にいる人びとの多くは、これまでの人生でいくつものつらい別れや喪失を経験している。幼いころに親と死別したり、置き去りにされたりした人。離婚したあと、自分の子どもたちとも縁が切れてしまった人。彼らにとって、別れの痛みは私たちが想像する以上に大きいだろう。だが、自分にとってかけがえのない存在となったパピーを、自分よりもっとそのパピーを必要としているほかの人のために手放す――この経験は、彼らの人生にとって大きな一歩だったのではないだろうか。

訓練生を見つめるオーラのまなざし

それぞれの道へ

6Cでは、パピーたちが巣立ったあとも点訳の職業訓練が続いていた。秋以降、ユニット全員で一冊の本を点訳するプロジェクトに取り組んでいたのだが、それを無事完成させ、浜田市にある島根県西部視聴覚障害者情報センターの点字図書館に寄付したのである。

二月半ば、点訳の職業訓練が終わると、第二期の訓練生への指導補助として、オーラ班から二人とナーブ班から一人、合計三人が6Cに残った以外は、全員が元いたユニットに戻っていった。彼らが6Cを離れたあとも、私は何か月おきかに話を聞きにいった。パピープログラムが終わり、精神的にも物理的にも距離ができたとき、あの経験を彼らがどのようにとらえるのか知りたかったからだ。

実際、その後のインタビューは非常に手応えがあった。なかでも大きな変化を感じたのは高木さんだ。会うたびにどんどん表情がやわらかくなっているのに驚かされた。主担当としてパピーを育てる重圧から解放されたからなのだろうか。あれほどピリピリした空気を漂わせていたのが、すっかりおだやかな顔になっていた。六月に会ったときは、島根あさひセンターの綱引き大会で、彼がいまいるユニットが6Cと対戦することになり、第二期の五頭のパピーたちを見ることができたと嬉しそうに話してくれた。

「遠くから見てても、ついナーブに似た犬に目がいっちゃいました。今年の訓練生たちがすごくいい表情をしているのを見て、自分たちもあんなふうにいい表情してたんだろうなーと、いまになって思います。いろいろあったけど、やっぱり生きものといっしょに暮らせたのはほんとうに恵まれてた。朝なんかほんとに忙しくて、いつもバタバタしていて大変だったけど、やりがいがありました」

望月刑務官に対する気持ちも、ずいぶん変化していた。少し時間が経って振り返ってみると、望月さんがどれほど人間味のある人だったかわかるようになった。

「さんざん文句ばかり言ったけど、感謝しています」と、照れくさそうに笑った。

パピーウォーカー手帳をきっかけにふたたびよみがえった絵への情熱も、変わらず持ちつづけていた。家族に頼んでデッサンの本を差し入れしてもらい、修了証といっしょにもらったナーブの写真を見ながらデッサンの練習をしているという。

「去年一年間絵を描いて、ウィークエンド・パピーウォーカーさんたちに喜んでもらえて、やっとこれが自分の原点なんだってことに気がついたんです」

そう話す高木さんの表情は明るく、清々《すがすが》しささえ感じられた。

秋、高木さんは仮釈放で出所し、家族の待つ家に帰った。

おわりに　それぞれのその後

第一期のパピーたちとパピーウォーカーたちは、その後どうなっただろうか。

オーラとナーブは二度のテストをパスし、訓練の最終段階まで進んだが、その後、盲導犬になるより家庭犬として過ごすほうが向いているという判断が出され、「キャリアチェンジ」することになった。現在はキャリアチェンジ犬を飼育するボランティアの家庭で幸せに暮らしている。

ナッシュはその抜群の愛想のよさを見込まれ、ＰＲ犬になった。街頭募金に参加していた子犬のころから多くの人の心を動かしていただけに、ナッシュはＰＲ犬の仕事にうってつけだ。現在は島根あさひ訓練センター所属で、盲導犬とはどんなものかを子どもたちに知ってもらうため、学校にデモンストレーションに行ったり、募金活動に活躍したりと、忙しくも充実した日々を過ごしている。パピープログラムから巣立った犬が、ＰＲ犬とし

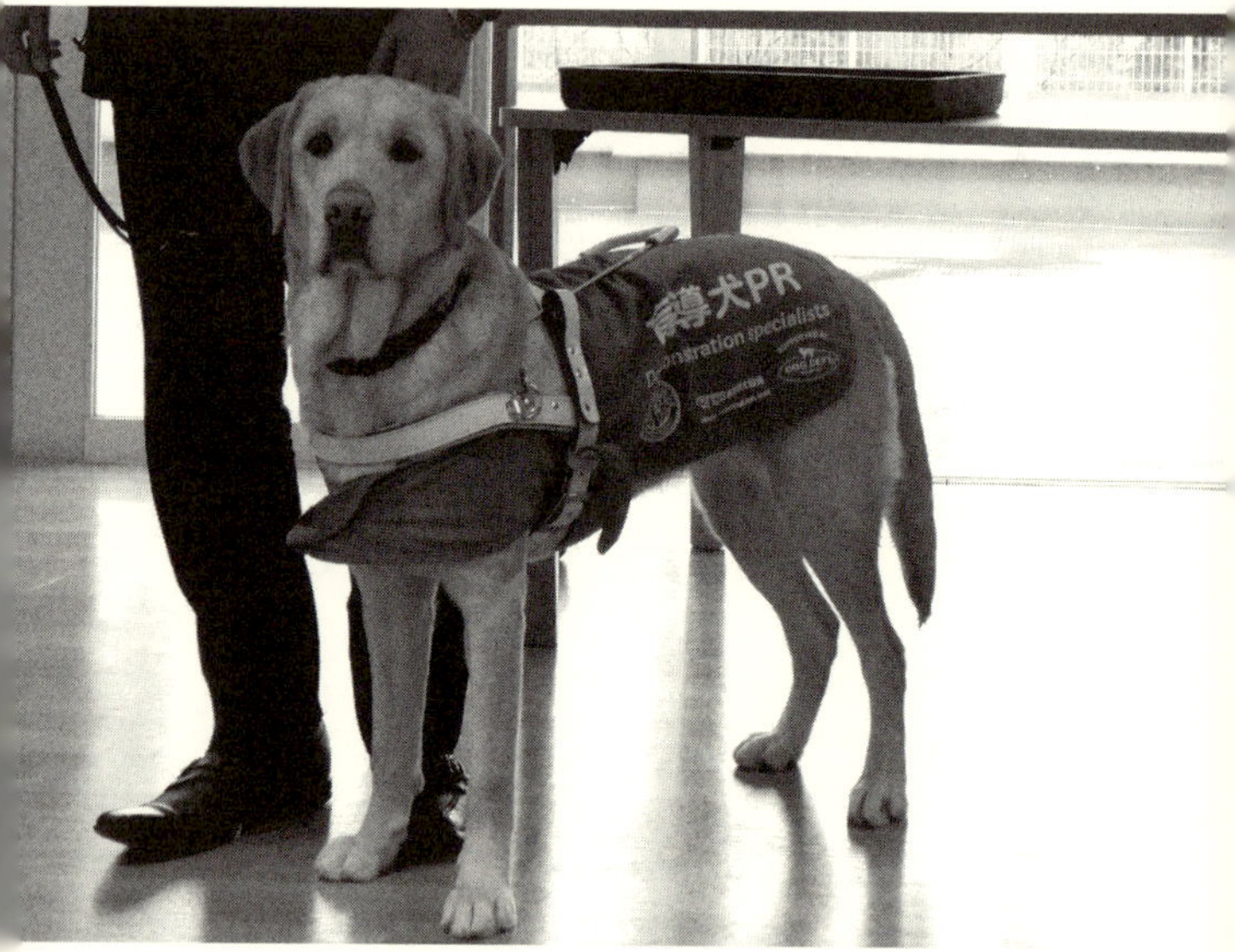

PR 犬として古巣の 6C を訪問したナッシュ

てすぐそばにいてくれるのは何とも心強い。

ウィークエンド・パピーウォーカーのほうにも、大きな「キャリアチェンジ」をした人がいる。浜田市の俊介さんは、オーラのウィークエンド・パピーウォーカーをしたことがきっかけで、自分の人生を大きく変える決断をすることになった。なんと、日本盲導犬協会に転職してしまったのである。

俊介さんは地元ケーブルテレビの営業職として充実した日々を送っていたが、パピープログラムが半ばを過ぎたあたりから、もっと人の役に立つ仕事がしたい、と思うようになっていった。

「ウィークエンド・パピーウォーカーになったのは、自分が犬が好きだからで、訓練生の社会復帰を支えるとか、盲導犬育成事業を支えるとか、そこまでの意識はなかったんです。でも、パピーウォーカー手帳をとおして訓練生の人たちとやりとりをして、犬を通じてこれだけ人の人生が変わるんだと知った。松本さんたち盲導犬協会の人たちとの出会いもあって、一気にパーンと視野が広がったような感じでした。もっと広い世界、もっと自分を生かせる場があるのに、知らなかった。このままでいいのかって、まるで渇《かわ》きにも似た強烈な思いが湧いてきたんです」

そんなある日、たまたま島根あさひ訓練センターの職員に空きができたことを知り、すぐさま応募。採用が決まり、晴れて日本盲導犬協会の職員となった。

それから三年になるいま、俊介さんは当時の決断を振り返って言う。

「毎日忙しいけど、転職してほんとうによかった。ウィークエンド・パピーウォーカーをしたあの一年って、このためにあったんだなーと、いま思ってます」


パピープログラムを卒業した元訓練生たちのほうは、どうしているだろうか。

オーラの永瀬さんは、修了式から一年足らずで、仮釈放を得て奥さんの待つ家に帰った。思いもかけない喜びだったのは、もう二〇歳近い高齢だった愛犬のマリちゃんが生きていたこと。もう会えることはないだろうとあきらめていただけに、嬉しさもひとしおだった。

そのマリちゃんはすでに他界したが、いまは新たに二頭の小型犬が家族に加わっている。

永瀬さんは出所してすぐ職を探し、夜勤の仕事を見つけることができた。それ以来四年間同じ職場でまじめに働き、もう六〇代だが、「体が動くうちはずっと来てください」と言われているそうだ。永瀬さんから折にふれ、「あいかわらず元気で仕事を続けています」とメールが届くたび、しっかりと地に足をつけた堅実な暮らしぶりが伝わってきて嬉しくなる。

オーラの副担当だった小島さんのその後についても記しておきたい。パピープログラムで見違えるほど表情が明るくなった小島さんは、点訳の技術を見込まれ、指導補助として一か月間６Ｃに残った。初めて人にものを教える経験をして、「自分が何かすることによって、誰かが喜んでくれる」、そんな人生をめざしたいと思うようになった。そこで、点訳に続いて介護の職業訓練を受け、見事ホームヘルパー二級の資格を取得。つぎは人前できちんと自分の考えを表現できるようになりたいと、ＴＣ（回復共同体プログラム、コラム②を参照）に参加し、そこで初めて自分のことをありのままに語り、受け入れられる経験をした。

その後、仮釈放で出所したあとは、ホームヘルパーの資格を生かして老人ホームで有償ボランティアをした後、事務の仕事に就き、現在は心身ともに安定した生活を送っている。

二〇一三年、初めて小島さんを訪ねると、オーラの写真入りのパピープログラムの修了証が、リビングルームの真ん中に飾ってあった。

「こうやって飾ってもらうのは嬉しいですね」と私が言うと、彼は真顔で答えた。

「これを見ると、自分がほんとにいろんな経験をしてここまで来れた、そのことを確認できるんです」

初めて６Ｃに来たときの痛々しいほど内気な姿からは想像もできないほど、小島さんは変わった。彼の歩みは、人は変われるのだという希望を与えてくれる。

最後に、ナーブの高木さんのことを書いておきたい。高木さんは、脳梗塞で倒れて以来体が不自由になったお母さんの介護をしながら暮らしている。出所後に訪ねたときは、お母さんが息子の帰ってきた喜びを全身で噛《か》みしめている姿が何より印象に残った。

「帰ってくると手紙が来たときは、もう私、泣いて、泣いて……。この子が帰ってきてくれて、どんなに嬉しいか」

お母さんは胸に手を当て、顔をくしゃくしゃにして言った。

そして、「息子さんにどんなことを望みますか」という私の不躾《ぶしつけ》な質問に、「いてくれるだけでいいの」と微笑んだ。

高木さんの部屋にも、修了証に添付したナーブの写真がりっぱに額装《がくそう》され、愛犬ルカの写真と並んで飾られていた。パピープログラムを修了したあとも描き続けていたスケッチブックには、子犬のナーブを描いた見事な絵もあった。

高木さんがまた犬と暮らせる日が来るといいのだが、彼はまだ自分自身の人生に明確な方向性を見いだせずにいるようだ。経済的な不安もあるのだろう、犬を飼いたいという気持ちはあるものの、「自分自身が明日もわからない生き方しかできていない現状」では、最後まで責任を持って飼うことはできない、とあきらめている。

それだけに、パピープログラムで全力投球していた日々のことは、大切な思い出として心に残っている。刑務所でのことをいい思い出と言うのはあまりよくないかも……と前置きしながらも、「ナーブやナッシュ、オーラたちと過ごした時間は、自分にとって密度の濃い活きた時間でした」と、高木さんは振り返る。

自分自身を肯定できず、ずっと生きづらさを抱えてきた高木さん。彼の人生からその生きづらさがすっかり消えてなくなることはないかもしれない。父親のことも、生きているかぎり背負っていかなければならない重荷だろう。だが、たとえささやかなものであっても、生活のなかに少しずつ喜びを増やしていくことはできるのではないだろうか。幸い高木さんには彼を必要とする家族や、支えてくれる友人たちもいる。人に感動を与えるほどの絵の才能もある。

ずっと嫌悪してきたネガティブな自分ではなく、心からパピーを慈しみ、育て上げた自分に目を向け、よりよい人生を求めて歩き続けてほしいと心から思う。

受刑者の「改善更生」「更生保護」など、罪を犯した人にかかわる記述のなかには、「更生」(英語では「リハビリテーション」)という言葉がよく登場する。じつは私は一八年前、刑務所や少年院の取材をするようになるまで、「更生」という漢字を「更正」だと勘違いしていた。パソコンに「こうせい」と入力すると「更正」という漢字が出てくるので、それが正しいと思い込んでいたのだ。漠然と「罪を犯した人たちの悪いところを『正す』のだから、当然『正』が付いているにちがいない」と思っていたことが、長い間まちがいに気づかなかった理由かもしれない。

そんな初歩的なミスをしていた私だったが、アメリカや日本の刑務所、少年院、薬物のリハビリ施設などの現場でさまざまな当事者に出会ううちに、彼らがしようとしていることはまさに「生き直すこと」(=更生)にほかならないのだということを実感するようになった。

日本でもアメリカでも、私が出会った受刑者の多くは家族との不和や離別、貧困、虐待やいじめなどの暴力で困難な子ども時代を経験し、心に傷を抱えていた。もちろんそうではない、恵まれた家庭に育った人もなかにはいるだろうが、私自身はあまり出会ったことがない。私が知っているのは、みずからを肯定できず、希望のなさから来る刹那的《せつなてき》な生き方に身を任せ、心の痛みを紛らわせるために薬物に溺《おぼ》れたり、簡単に自殺を図ったりするなど、自分自身を非常に粗末に扱う人びとだ。

「自分のことが大嫌いです」「この世に存在する価値のある人間だと思えません」「自分には何のとりえもありません」

こんな自己否定の言葉を、いったいどれだけ聞いただろう。

高木さんの生きづらさを見てもわかるとおり、幼いころから自己否定してきた人たちが、人生の半ばで自分を肯定できるようになるのは簡単なことではない。もともとセルフ・エスティームが低いところに、犯罪をして刑務所にまで来てしまった人びとにとっては、さらにそのハードルは高いだろう。

だが、そのような人びとが、もう自他を傷つけない生き方ができるようになるためには、「やればできる自分」「誰かのために役に立てる自分」など、まずは自分自身に対するネガティブな見方をポジティブなものに変えていく必要があると思う。パピープログラムは、まさにその一助となるものだ。

パピープログラムに参加する訓練生は、点訳を学びつつ、盲導犬候補の子犬を育て、視覚障害者に貢献するという明確な目的のもとに生活する。そして、最後には手塩にかけたその子犬を他者のために手放す。修了式に臨んだ訓練生のほぼ全員が、パピーとの別れのつらさより、自分たちの役割を最後まで果たせたことへの達成感を抱くのはとても重要だと思う。罪を犯した人たちであるからこそ、社会に貢献する機会が与えられることの意味は大きい。「誰かの役に立つ」ことは、「価値のある自分」というポジティブなアイデンティティを得ることにつながるからだ。これは犯罪者の立ち直りの鍵でもあることが詳細な研究によって報告されている(シャッド・マルナ『犯罪からの離脱と「人生のやり直し」――元犯罪者のナラティヴから学ぶ』)。

長年の間に身についてしまった自分の否定的な考え方を変え、生き方までも変えていくには、安心できる環境、仲間や支援者の存在、そしてなによりも、心を開くきっかけが必要だ。心が閉ざされたままでは、教育プログラムなどでどれだけ多くの滋養の雨を降らせても地面にしみ込むことなく、ただ地表を流れていってしまうだろう。

人間によって傷つけられ、人間不信に凝り固まった人が、他人に対して心を開くのはとてもむずかしい。だが、相手がどんな人間であってもありのままに受け入れ、与えられた愛情をけっして裏切ることのない犬になら、安心して心を開くことができるのではないか。そして、小島さんの例がまさにそうだったように、そこから人に対する信頼へとつなげていくことができるだろう。私たち人間は、犬の力を借りて、固く閉ざされた心の扉を開き、そこから心を耕す作業を始めることができる。

やがて柔《やわ》らかく耕された土壌に蒔《ま》かれた種が芽を出し、育っていくなら、これほど嬉しいことはない。

主な参考文献と引用文献

西田博『新しい刑務所のかたち——未来を切り拓くPFI刑務所の挑戦』小学館集英社プロダクション、二〇一二年

歌代正「「地域との共生」から「地域と共に創る施設」をめざして——共生から共創へ」、島根県立大学PFI研究会編『PFI刑務所の新しい試み——島根あさひ社会復帰促進センターの挑戦と課題』成文堂、二〇〇九年

大塚敦子『犬が生きる力をくれた——介助犬と人びとの物語』岩波書店、一九九九年

刑事立法研究会編『刑務所民営化のゆくえ——日本版PFI刑務所をめぐって』現代人文社、二〇〇八年

シャッド・マルナ著、津富宏・河野荘子監訳『犯罪からの離脱と「人生のやり直し」——元犯罪者のナラティヴから学ぶ』明石書店、二〇一三年

『島根あさひ社会復帰促進センター開所5周年記念フォーラム報告書』二〇一三年

『犯罪白書』(平成19年版、平成24年版、平成25年版、平成26年版)

毛利真弓、藤岡淳子「受刑者のトラウマ体験とその対応——刑務所内治療共同体での実践」『トラウマティック・ストレス』第9巻第1号、二〇一一年

毛利真弓「刑務所内治療共同体の効果と課題——島根あさひ社会復帰促進センター「回復共同体プログラム」」『刑政』124巻10号、二〇一三年

藤岡淳子『非行・犯罪心理臨床におけるグループの活用――治療教育の実践』誠信書房、二〇一四年
外山ひとみ『ニッポンの刑務所』講談社現代新書、二〇一〇年
日本弁護士連合会編著『刑務所のいま――受刑者の処遇と更生』ぎょうせい、二〇一一年
日本犯罪社会学会編『犯罪からの社会復帰とソーシャル・インクルージョン』現代人文社、二〇〇九年
日本犯罪社会学会編、浜井浩一責任編集『持続可能な刑事政策とは――地域と共生する犯罪者処遇』現代人文社、二〇一二年
中島隆信『刑務所の経済学』ＰＨＰ研究所、二〇一一年
浜井浩一『2円で刑務所、5億で執行猶予』光文社新書、二〇〇九年
ニルス・クリスティ著、平松毅・寺澤比奈子訳『人が人を裁くとき――裁判員のための修復的司法入門』有信堂、二〇〇六年
Wallwork, Rebecca, “Prison to Park”, *New York Post*, August 8, 2010
Furst, Gennifer, *Animal Programs in Prison*, First Form Press, 2011
Britton, Dana, and Button, Andrea, Prison Pups: Assessing the Effects of Dog Training Programs in Correctional Facilities, Kansas State University, *Journal of Family Social Work*, 9(4): 79–95, 2006

あとがき

島根あさひ社会復帰促進センターでの盲導犬パピー育成プログラムについて本を書くことになったのは、たしかプログラムがスタートした二〇〇九年ごろのことでした。いまが二〇一五年ですから、この本が世に出るまでにはずいぶん時間がかかったことになります。当初は内容を最初の一年間の取り組みだけに絞るつもりだったのが、「いや、盲導犬第一号が誕生するまで待とう」「いや、あの人のその後をもう少し見守ってから」などと、ぐずぐずしているうちに、どんどん時が流れていったのでした。

パピープログラムはちょうど第六期が修了したところです。今期は六頭のパピーたちが元気に巣立っていきました。例年同様、訓練生たちは盲導犬候補の子犬たちを無事送り出せたことに何より安堵《あんど》し、達成感を味わったようです。また、自分自身の変化へのきっかけをつかんだ人も少なくないと感じます。

「パピーの成長を見るうちに、自分も成長できるという希望を持った」

「生きものを育てる経験をとおして、自分の思いどおりにならないことを受け入れ、我慢できるようになった」

「チームで協力してパピーを育てる中で、初めて人に助けを求められるようになった」

一つひとつは小さなことのように見えるかもしれません。でも、その人にとっては、よりよく生きるための大きな変化なのかもしれません。私はこのような言葉を聞くたびに、人が生き直すことへの希望を感じます。

これまでに一五〇人の訓練生がこのプログラムを修了し、そのうち九四人がすでに出所しました。彼らはその後、社会の中でどのように生き直していくのか。それを知りたくて、いまも何人かの人たちと交流を続けています。

子犬を育てる経験を経て、「命あるものを育てたい」と思うようになり、農業の道に進んだ人。誰かの役に立ちたいとの思いから、あえて被災地に移り住んだ人。家族との絆を取り戻した人、あるいは新たな家族を見つけた人。さまざまな人が、パピーとの日々を心の糧《かて》に、自分なりの人生を歩もうとしています。これらの人びとの人生の物語については、いずれ別の本にまとめたいと思っています。

私は十数年ほど前から、動物や自然との絆を生かして人や地域を再生させる試みなど、日本でも取り入れられそうなヒントが詰まった欧米の先進的な取り組みを取材してきました。でも、私の仕事は本を世に送り出すところまで。自分自身がプログラムの実現に向けて乗り出すというようなことはありませんでした。それが、今回初めて、自分の本がきっかけとなって生まれたプログラムの立ち上げにかかわる、という心躍る経験をさせてもらうことになりました。自分が書いた本、つまり蒔いた種から芽が出るというのはほんとうに嬉しいことですが、それだけにとどまらず、その小さな芽に水をやり、育てていく過程にまでかかわることができたのですから、著者としてこれほど幸せなことはありません。

また、これほど多くの人にお世話になった本もこれまでありませんでした。あまりにおおぜいで、一人ひとりのお名前を挙げることはできませんが、まずは長時間にわたる訓練生たちへのインタビューなどさまざまな取材のリクエストに辛抱強く対応してくださった島根あさひ社会復帰促進センターの歴代のセンター長、調査官、教育担当者、そして現場の刑務官の方々に深くお礼を申し上げます。また、島根あさひセンター内での私のオアシスのような存在となり、常に助けの手を差しのべてくださった島根あさひソーシャルサポート株式会社の皆さん。ともにパピープログラムに取り組んできたSSJの社会復帰支援員さんたちと、点字点訳という未知の世界を教えてくださった全視情協の指導員さんたち。そして、これまで興味はあったものの、くわしく知る機会のなかった盲導犬育成事業について私の目を開いてくださった日本盲導犬協会の方々に、深く感謝します。東京から訪ねていくたびに、「お帰りなさい」と迎えてくださった心温かい浜田市の皆さんにも、どれだけ励まされたかわかりません。

そして、パピープログラムに参加した訓練生の皆さん。手のかかる幼い命を大切に育ててくれて、ほんとうにありがとうございました。そして、重くて苦い過去のことも含め、それぞれの人生を垣間見せてくださったことに心から感謝します。

最後に、いったいいつになったら書き始めるのかわからない私を六年も待ち、いつもよき相談相手となってくれた岩波書店の坂本純子さん、ありがとうございました。

＊　＊　＊　＊

いまから一八年前、私がアメリカで初めて「刑務所」というところに足を踏み入れたのは、そこに犬がいるからでした。受刑者による介助犬の訓練プログラムに興味を引かれて取材に行くことがなければ、おそらく私は刑務所にも、そこに収容されている人びとにも、何の関心も抱かないままだったでしょう。私が「人と犬の絆」という入口から、自分の生活とは一見何のかかわりもなさそうに見える世界に足を踏み入れ、そこから人が生き直すことの意味について深く考えさせられていったように、読者の皆さんにとっても、この本が入口となれば幸いです。

二〇一五年　一月

大塚敦子

※この本の印税の一部を盲導犬育成事業のために寄付します。

大塚敦子

フォトジャーナリスト．上智大学文学部英文学科卒業．パレスチナ民衆蜂起，湾岸戦争などの国際紛争の取材を経て，死と向きあう人びとの生き方，自然や動物との絆を活かして人や社会を再生する試みなどについて執筆．島根あさひ社会復帰促進センターの盲導犬パピー育成プログラムアドバイザー，法務省「少年院における動物(犬)介在活動等検討会」委員(平成24-26年度，28年度)も務める．

『さよなら エルマおばあさん』(小学館)で，2001年講談社出版文化賞絵本賞，小学館児童出版文化賞を受賞．『犬が生きる力をくれた』(岩波書店，現在は『犬，そして猫が生きる力をくれた』〔岩波現代文庫〕)，『子どもの共感力を育む』(岩波ブックレット，共著)，『ギヴ・ミー・ア・チャンス　犬と少年の再出発』(講談社)，『犬が来る病院』(KADOKAWA)など著書多数．

ホームページ：http://atsukophoto.com

〈刑務所〉で盲導犬を育てる　　岩波ジュニア新書 797

2015年 2 月20日　第1刷発行
2018年10月25日　第2刷発行

著　者　大塚《おおつか》敦子《あつこ》

発行者　岡本 厚

発行所　株式会社 岩波書店
〒101-8002 東京都千代田区一ツ橋 2-5-5
案内 03-5210-4000　営業部 03-5210-4111
ジュニア新書編集部 03-5210-4065
http://www.iwanami.co.jp/

組版　シーズ・プランニング
印刷・三陽社　カバー・精興社　製本・中永製本

ISBN 978-4-00-500797-4　　Printed in Japan

岩波ジュニア新書の発足に際して

きみたち若い世代は人生の出発点に立っています。きみたちの未来は大きな可能性に満ち、陽春の日のようにひかり輝いています。勉学に体力づくりに、明るくはつらつとした日々を送っていることでしょう。

しかしながら、現代の社会は、また、さまざまな矛盾をはらんでいます。営々として築かれた人類の歴史のなかで、幾千億の先達《せんだつ》たちの英知と努力によって、未知が究明され、人類の進歩がもたらされ、大きく文化として蓄積されてきました。にもかかわらず現代は、核戦争による人類絶滅の危機、貧富の差をはじめとするさまざまな人間的不平等、社会と科学の発展が一方においてもたらした環境の破壊、エネルギーや食糧問題の不安等々、来るべき二十一世紀を前にして、解決を迫られているたくさんの大きな課題がひしめいています。現実の世界はきわめて厳しく、人類の平和と発展のためには、きみたちの新しい英知と真摯《しんし》な努力が切実に必要とされています。

きみたちの前途には、こうした人類の明日の運命が託されています。ですから、たとえば現在の学校で生じているささいな「学力」の差、あるいは家庭環境などによる条件の違いにとらわれて、自分の将来を見限ったりはしないでほしいと思います。個々人の能力とか才能は、いつどこで開花するか計り知れないものがありますし、努力と鍛練の積み重ねの上にこそ切り開かれるものですから、簡単に可能性を放棄したり、容易に「現実」と妥協したりすることのないようにと願っています。

わたしたちは、これから人生を歩むきみたちが、生きることのほんとうの意味を問い、大きく明日をひらくことを心から期待して、ここに新たに岩波ジュニア新書を創刊します。現実に立ち向かうために必要とする知性、豊かな感性と想像力を、きみたちが自らのなかに育てるのに役立ててもらえるよう、すぐれた執筆者による適切な話題を、豊富な写真や挿絵とともに書き下ろしで提供します。若い世代の良き話し相手として、このシリーズを注目してください。わたしたちもまた、きみたちの明日に刮目《かつもく》しています。(一九七九年六月)